WDR

Claudia Wietfeld
Andrea Wirtz

Ruhrpott

Rezepte aus dem Revier

Landwirtschaftsverlag

Mein Lieblingskochbuch ist ein ziemlich fleckiges Exemplar. Es hat etliche Eselsohren und im Laufe der Jahre sind immer mehr Seiten hinzugekommen: Sie sind aus Zeitschriften herausgetrennt und so Teil meines Kochbuches geworden. Einige dieser Zettel sind inzwischen kaum mehr lesbar, so oft habe ich sie in den – manchmal auch mit Mehl bestäubten – Händen gehalten. So ist im Laufe der Zeit aus einem schlichten Buch mit schönen Rezepten mein ganz persönliches Kochbuch geworden.

Genau dies wünsche ich dem Exemplar, das Sie gerade in den Händen halten. Benutzen Sie dieses Kochbuch, holen Sie sich Tipps und Anregungen, experimentieren Sie mit den Rezepten, nur: Stellen Sie es bitte nicht einfach nur in den Küchenschrank!

Alle Gerichte, die Sie in diesem Buch finden, haben wir im WDR vorgestellt. „Ruhrpott", so heißt die Serie in der Lokalzeit aus Dortmund, in der wir für unsere Zuschauer jeden Freitag ein leckeres Essen filmisch auf den Tisch bringen. Angefangen hatte alles vor zwei Jahren mit Eintöpfen. Die deftigen Tellergerichte wurden schnell ein großer Erfolg. Hunderte von Zuschauern fragten per Post nach oder klickten sich im Internet auf unsere Rezeptseite. Und das selbst bei Gerichten, die eigentlich jeder kennt. So steht zum Beispiel die Kartoffelsuppe – bei uns allerdings mit Weißwein und Äpfeln verfeinert – in der Zuschauer-Hitliste ganz oben. Es muss also tatsächlich nicht immer Kaviar sein.

Inzwischen gibt es aber längst nicht nur Eintöpfe. Unsere Ruhrpott-Küche ist so vielfältig, wie das Revier und seine Menschen selbst. Hobbyköche sind mit von der Partie, Landfrauen zeigen traditionell Westfälisches und die Profis am Herd gewähren uns einen kleinen Einblick in ihr gastronomisches Können.

Also: Probieren Sie die Rezepte doch einfach mal aus – selbst wenn das Buch davon Gebrauchsspuren bekommt. Nur so kann nämlich dieses Exemplar dann irgendwann zu Ihrem ganz persönlichen Lieblingskochbuch werden.

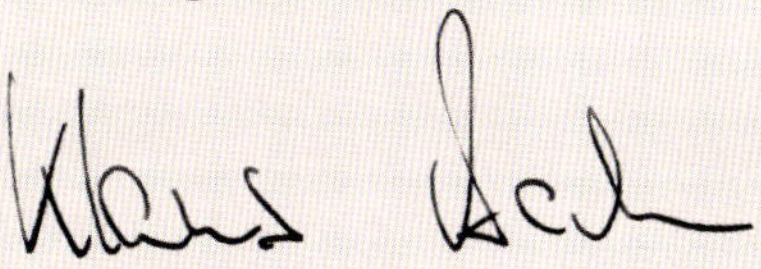

Klaus Beck
(Fernsehleiter WDR Dortmund)

Carmel Red
Butaris

WDR

Die Ruhrpott-Story

Die Idee zur „Ruhrpott"-Serie hatte ursprünglich Erdmann Linde, unser Studioleiter. Es war kalt, der Winter stand vor der Tür, kurzum: Es war das richtige Wetter für Eintöpfe. Und genau das haben wir unseren Zuschauern zu Anfang aufgetischt. Jeden Freitag präsentierten wir mit wechselnden KöchInnen in der „Lokalzeit" eine gehaltvolle Suppe. Doch mit dem Frühling wagten wir uns an aufwändigere Gerichte.

Die Rezepte des „Ruhrpotts" sind mittlerweile so vielfältig und unterschiedlich wie die Region: ein Schmelztiegel der Geschmäcker eben. Es gibt alles zwischen deftig und edel, unsere Protagonisten sind Privatleute, Landfrauen, Sterneköche und Menschen, die in öffentlichen Einrichtungen fürs leibliche Wohl sorgen.

Anders als die meisten Kochsendungen wollen wir im „Ruhrpott" genau zeigen, wie's geht. Für die Köche bedeutet das jede Menge Geduld, denn bis das Kamerateam seine rund 100 Einstellungen im Kasten hat, vergehen leicht vier bis fünf Stunden. Da wird die Küche aus- und umgeleuchtet, bis Koch, Kartoffel und Aubergine, Arbeitsfläche und Herd ins beste Licht gerückt sind – Kochen vor der Kamera ist wirklich harte Arbeit! Und dann muss das Essen ja nicht nur schmecken – es soll auch noch gut aussehen …

Der entscheidende letzte Akt: ein fetziger Schnitt, der oft noch einmal sechs Stunden dauert. Und als Tüpfelchen auf dem i: peppige Musik. Mit unserer Suche nach dem richtigen Sound für einen Sommersalat oder einen Lammtopf haben wir unseren Musikredakteur manchmal ganz schön ins Schwitzen gebracht.

Sie sehen: Insgesamt braucht der „Ruhrpott" also wirklich viele Spitzenkräfte, um der „Hingucker" zu sein, der er geworden ist.

Der Erfolg jedoch gibt uns Recht: Die Machart ist ein Renner und viele ZuschauerInnen trauen sich sicher zum ersten Mal an so manches Rezept, nachdem sie Schritt für Schritt bei uns gesehen haben, dass auch Sternemenüs keine Zauberei sind.

Für das Buch mussten alle Gerichte noch einmal gekocht werden – schließlich wollen Sie wissen, wie das Gericht aussieht. Die Leiterin des Gisbert-von-Romberg-Berufskollegs, Doris Plum-Eßmann, hat uns sämtliche Türen geöffnet: zur Küche, zu ihrem Fundus und ihren Geschirrschränken. Frank Ottersbach, selbst Spitzenkoch, hat dafür gesorgt, dass innerhalb von drei Tagen alle Gerichte fotografiert werden konnten – eine Mammutleistung!

Die beiden haben uns auch von der Klammer-Strich-Methode überzeugt, in der die Rezepte in diesem Buch abgefasst sind. Auf der linken Seite finden Sie so alle Zutaten und Mengenangaben, rechts wird beschrieben, was Sie damit tun sollen. Wir hoffen, auch Sie werden sie so einfach und praktikabel finden wie wir.

Wir porträtieren außerdem die Köchinnen und Köche sowie Restaurants, in denen wir zu Gast sein durften. Zusätzlich gibt es Informationen über Produkte, die wir spannend oder ungewöhnlich fanden.

Wir hoffen, es ist ein Buch geworden, mit dem Sie auf Entdeckungsreise gehen können. Die führt vielleicht von einer interessanten Produktinformation, einem verlockenden Ausflugstipp oder einem spannenden Porträt zu dem dazugehörigen Rezept und von da aus zu einem schönen Tag unterwegs im „Ruhrpott". Zumindest aber zu einem tollen Essen …

Claudia Wietfeld und Andrea Wirtz

Mittelmeergemüse im Wok

TIPP

Falls Sie keinen Alkohol beim Kochen verwenden wollen, können Sie statt Rotwein Gemüsebrühe nehmen.

1 Aubergine, 2 Zucchini	
2 Stangen Staudensellerie	
1 gelbe Paprikaschote, 2 Tomaten	waschen. Aubergine und Zucchini putzen und klein würfeln. Staudensellerie von den harten Fasern befreien und in Scheiben schneiden. Die Paprikaschote halbieren, putzen und in Streifen schneiden. Die Stielansätze der Tomaten entfernen. Die Tomaten kurz überbrühen, häuten und würfeln.
2 rote Zwiebeln und 2 Knoblauchzehen	schälen, Zwiebeln halbieren und in Streifen schneiden. Den Knoblauch fein hacken.
1 Zweig Rosmarin und 1 Zweig Thymian	waschen und die Nadeln bzw. Blättchen von den Stielen zupfen.
8 getrocknete Tomaten	in Streifen schneiden.
125 g Mozzarella	abtropfen lassen und klein würfeln.
	Den Wok erhitzen,
4 EL Olivenöl	darin heiß werden lassen. Aubergine, Zucchini, Sellerie und Paprika hineingeben und bei starker Hitze unter Rühren 4 Minuten braten. Knoblauch und Zwiebeln mit den Kräutern dazugeben und weitere 2 Minuten braten. Getrocknete und frische Tomaten mit
1 EL Kapern	untermischen.
2 EL trockenen Rotwein	angießen und alles mit
Salz und schwarzem Pfeffer	abschmecken. Zugedeckt 3 Minuten schmoren. Nochmals abschmecken, den Mozzarella über das Gemüse streuen und zugedeckt 1 Minute schmelzen lassen. Das Gemüse heiß servieren. Dazu passen Kartoffeln, Nudeln oder Brot.

Susanne Amling-Dudda

Die Arbeit mit Jugendlichen macht Susanne Amling-Dudda am meisten Spaß und dazu hat sie als Hauswirtschaftsmeisterin reichlich Gelegenheit. Seit drei Jahren bildet sie bei der Ruhrkohle junge Menschen mit einer Lernbehinderung aus – und das mit großem Erfolg. Simone Filz zum Beispiel, die das Mittelmeergemüse im Wok vor der Kamera für uns gekocht hat, wurde in der Großküche der Gesamtschule in Brünninghausen spielend mit 200 Koteletts fertig.

Angefangen hat die Dortmunderin mit dem professionellen Kochen vor fast 30 Jahren. Bis heute ist in der Ausbildung die Nahrungszubereitung ihr Lieblingsfach. Auch privat steht Susanne Amling-Dudda gern am Herd. Ihr Favorit: eine Kombination aus vollwertiger und italienischer Küche. Leicht soll sie sein und schnell zuzubereiten – ganz so wie ihr Rezeptvorschlag.

PRODUKTINFO Wok

Kochen im Wok geht schnell und ist durch die spezielle Garmethode sehr gesund. Durch seine hohen Seitenwände und die runde Form kann sich die Hitze im Wok optimal ausbreiten und die Zutaten garen in wenig Zeit ohne viel Fett. Gemüse behält seine Vitamine und bleibt knackig. Das wissen die Chinesen schon seit 3.000 Jahren. Im asiatischen Raum ist der Wok das wichtigste Küchengerät und dient als Topf und Bratpfanne zugleich. Das fernöstliche Kochgerät ist geeignet für jede Garmethode: ob braten, dämpfen, dünsten, frittieren oder schmoren.

Wok-Kochen erfordert zügiges Arbeiten. Deshalb ist es am besten, alle Zutaten schon vorher in mundgerechte Stücke zu schneiden und zusammen mit den benötigten Gewürzen und Saucen griffbereit neben dem Herd zu platzieren. Die Gemüse werden unter ständigem Rühren nach und nach auf den heißen Wokboden gegeben und nach dem Anbraten zum Weitergaren an den hochgewölbten Pfannenrand geschoben. Dabei sollten Sie mit dem Gemüse beginnen, das die längste Garzeit hat. Fleisch wird am besten separat angebraten und zum Schluss unter das Gemüse gegeben.

Heutzutage gibt es das asiatische Allroundtalent aus Gusseisen, Edelstahl oder mit Alubeschichtung. Welche Wahl Sie treffen, ist eine Frage des Geldbeutels. In jedem Fall sollte der Wok einen flachen Boden haben, da er sonst nur auf Gasflammen eingesetzt werden kann.

Rinderlende in Wurzelsud

2 Möhren	waschen und schälen. Die Schalen, genau wie die Schalen von
1/2 Sellerieknolle und 1 Stange Porree	in knapp
2 l kochende Rinderbrühe	geben. 15 Minuten sieden lassen.
4 Scheiben Rinderfilet	von beiden Seiten mit
Salz und Pfeffer	würzen, ebenfalls in den kochenden Wurzelsud geben (damit sich die Poren schließen) und dort 20 Minuten köcheln lassen.
	Dann die Möhren, die halbe Sellerieknolle und den Porree in kleine Stückchen und
1 Bund Schnittlauch	in Röllchen schneiden.
	Für die Soße
200 ml Rinderbrühe	aufkochen und zuerst Möhren und Sellerie für 10 Minuten kochen und dann den Porree für weitere 5 Minuten dazugeben.
	Für die helle Soße
1/4 l Sahne, 1/4 l Weißwein, 10 g Stärke	aufkochen. Die Blättchen von
einem kleinen Zweig Thymian	abzupfen, hineingeben und aufkochen lassen.
	Zum Schluss die Gemüsesoße mit
60 g Stärke	andicken, den Schnittlauch unterrühren und mit
Salz und Pfeffer	abschmecken. Das Fleisch mit der Gemüsesoße übergießen, die helle Thymiansoße darüber geben.

Zur Rinderlende schmecken am besten Brokkoli und Sahnekartoffeln.

Andere Jungs wollten Lokführer werden – Gottfried Becker Koch. Bereits im Alter von acht Jahren versuchte er sich an Backmischungen von Dr. Oetker. Das machte ihm so viel Spaß, dass er später eine Kellnerlehre und dann die Ausbildung zum Koch absolvierte. Viele Jahre arbeitete Gottfried Becker für die Hotelkette Steigenberger, zuletzt als Küchenchef im Kurort Bad Orb. Dort machte er schließlich 1996 sein eigenes Restaurant auf.

Doch die Krise der Kurorte traf auch die Gastronomie. So war Gottfried Becker froh, als er 2003 das Abenteuer Selbstständigkeit beenden und sich der Herausforderung „Rohrmeisterei Schwerte“ stellen konnte. Hier sind vom Küchenchef ständig neue Ideen gefragt. Für diese kreative Arbeit nimmt Gottfried Becker aber auch einiges in Kauf: Weil seine Familie noch immer in Bad Orb wohnt, pendelt er jede Woche 250 Kilometer ins Ruhrgebiet und wieder zurück in den Spessart.

Schwarzwurzeleintopf mit Champignons

500 g Kartoffeln, 300 g Möhren, 2 rote Zwiebeln	schälen und grob würfeln.
Olivenöl	in einem großen Topf erhitzen, Kartoffeln, Zwiebeln und Möhren darin ca. 3–4 Minuten anbräunen, mit
Salz und Pfeffer	würzen und mit
800 ml Gemüsebrühe	ablöschen. Das Ganze zusammen ca. 15 Minuten köcheln lassen. Für die Schwarzwurzeln
Wasser	mit
Limettensaft	säuern.
500 g Schwarzwurzeln	schälen (zum Schälen besser Einweghandschuhe benutzen, sonst werden die Hände schwarz!) und wässern – sonst werden sie sehr schnell braun.
300 g Champignons	in feine Scheiben schneiden.
2 Bund Frühlingszwiebeln	putzen und in feine Stücke schneiden. Die Pilze in einer Pfanne ca. 5 Minuten dünsten, dann die Frühlingszwiebeln dazugeben. Die Schwarzwurzeln in feine Scheiben schneiden und in einer Pfanne in
Olivenöl	knusprig anbraten. Pilze, Gemüsezwiebeln und Schwarzwurzeln in den Topf geben. Zum Schluss alles mit
geriebenem Ingwer, Muskat, Limettensaft	abschmecken.
	Zu dem Schwarzwurzeleintopf passen am besten etwas Baguette oder Vollkornbrötchen und ein kühles Pils.

Die Kreativität ist beim Kochen für Joachim Beiske und Annette Wiese das Wichtigste. Kochen nach Rezept – das ist Vergangenheit. Er, gebürtiger Bochumer, Koch seit 1989 – sie, aus Frielinghausen im Sauerland, Köchin seit 1993. Das Stichwort „Vollwertküche" ist für das Duo entscheidend. Beide haben irgendwann in ihrer Ausbildungszeit entschieden, dass nur der verantwortungsbewusste Umgang mit Lebensmitteln sie wirklich zufrieden stellt. Im Klartext heißt das: Vorzug für regionale Bio-Produzenten, schonender Umgang mit den Zutaten und „so wenig Pipapo wie möglich". Ihr Konzept nennen sie „Naturküche": Ihre Gerichte sollen wirken wie direkt aus dem Garten, es wird natürlich, mit Kräutern, gewürzt.

Auch das Rezept für den Schwarzwurzeleintopf stammt nicht aus einem Kochbuch, sondern aus dem Kopf von Joachim Beiske. Alles ist – wie immer bei den beiden – nur kurz auf den Punkt gegart. Bei Kreationen von Beiske/Wiese kann man sicher sein: Sie sind stets frisch, leicht und schnell gemacht.

PRODUKT*INFO* **Schwarzwurzel**

Schon im Altertum war die Schwarzwurzel rund um das Mittelmeer bekannt. Sie wurde zunächst als Heilmittel bei Wundfieber verwendet, seit dem 17. Jahrhundert aber auch als Gemüse kultiviert. Schwarzwurzeln wachsen unter der Erde und können bis zum Frühjahr geerntet werden, da sie frostunempfindlich sind. Ähnlich wie Grünkohl erhält das Gemüse sein besonders kräftiges Aroma erst durch winterliche Bodenkälte. Es schmeckt kräftiger als Spargel und hat einen würzig-nussigen Touch.

Schwarzwurzeln enthalten Kalzium, Eisen, eine Menge Spurenelemente und Vitamine. Da der Schwarzwurzelsaft die Hände beim Schälen erheblich verfärbt, ist es sinnvoll, Handschuhe zu tragen oder das Gemüse erst nach dem Kochen zu schälen. Damit die Stangen schön weiß bleiben, müssen sie sofort in gesäuertes Wasser gelegt werden. Auch das Kochwasser sollten Sie mit Zitronensaft anreichern. Der hohe Nährwert des auch als „Arme-Leute-Spargel" bezeichneten Gemüses wird nur von Erbsen und Bohnen übertroffen. Schwarzwurzeln eignen sich wegen seiner Inhaltsstoffe auch als Schonkost für Diabetiker.

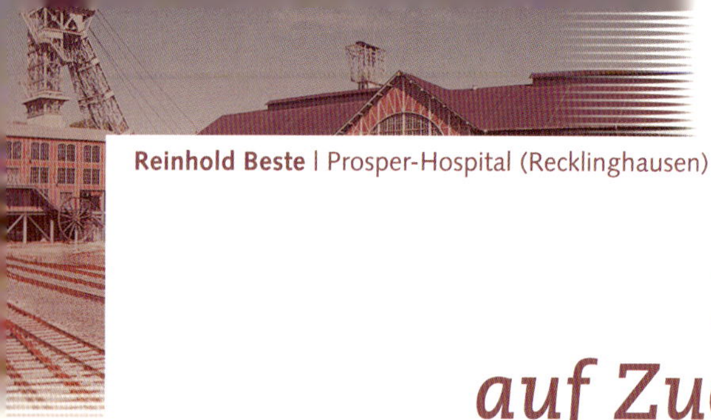

Reinhold Beste | Prosper-Hospital (Recklinghausen)

Putengeschnetzeltes auf Zucchinigemüse

Tellergericht für zwei Personen

300 g Putenbrust	in feine Streifen schneiden und in einer Pfanne mit
wenig Fett	sehr heiß anbraten, damit die Putenbrust saftig bleibt. Für die Sauce
1/2 Zwiebel	in feine Stücke hacken, in einer Pfanne kurz anschmoren, mit
1 TL Senf und 1 EL Ketchup	würzen. Dann
0,2 l Geflügelbrühe	dazugeben und mit
2 EL Crème fraîche	andicken. Die gebratene Putenbrust hinzufügen.
300 g Zucchini	in etwa ein Zentimeter dicke Scheiben schneiden und in einer Pfanne mit
etwas Öl	andünsten (ca. 3–4 Minuten). Dabei gelegentlich wenden. Mit
Salz und Pfeffer	würzen und die Zucchinischeiben zum Schluss mithilfe eines Backpinsels mit
etwas Knoblauchbutter	bestreichen. Mit Petersilie oder Zitronenscheiben garnieren.

TIPP

Das Geschnetzelte kann beispielsweise auch mit Gurkenstreifen und Pilzen verfeinert werden. Ein Schuss Cognac rundet den Geschmack ab.

Zum Putenbrustgeschnetzelten und dem Zucchinigemüse passen sehr gut Vollkornnudeln oder Reis. Anstatt der Zucchini kann man auch Paprikastreifen oder Brokkoli verwenden. Als Beilage eignet sich ein gemischter Salat.

PRODUKT*INFO* Schonkost

Immer mehr Menschen müssen aus gesundheitlichen Gründen auf ihre Ernährung achten. Nicht nur weil sie zu viel Gewicht auf die Waage bringen, sondern auch, weil sie krank sind.

„Schonkost“ oder „leichte Vollkost“ ist dann angesagt und dieses Essen kann durchaus lecker sein – in den vergangenen Jahren hat sich schließlich beim Thema „Diät“ manches verändert. Wurden zum Beispiel früher bei Erkrankungen des Magens, des Darms oder der Leber den Patienten Milchspeisen, Eier und Haferschleim verabreicht, so ist man heute schlauer. Statt einseitiger Kost werden solche Lebensmittel vom Speiseplan gestrichen, die Probleme bereiten. Also, um bei dem oben genannten Beispiel zu bleiben: Hülsenfrüchte, Kohl und fetthaltige Produkte.

Die leichte Vollkost unterstützt stattdessen die Organe des Verdauungssystems. Dabei gilt: große Portionen vermeiden und lieber fünf kleine Mahlzeiten pro Tag essen. Schwer verdauliche, fette und stark gewürzte Speisen sowie blähendes Gemüse sollten nur selten auf den Tisch kommen; stattdessen lieber fettarmes Fleisch, Fisch und Geflügel, Blumenkohl, Spinat, Spargel, Sellerie, gekochtes und püriertes Obst, gekochter Reis, Grieß und weich gekochte Eier.

Reinhold Beste

Koch in einer Großküche? In einem Krankenhaus? Ganz ohne die Leckerhäppchen für den verwöhnten Gourmet. Kann so etwas denn Spaß machen?

Ja, sagt Reinhold Beste vom Prosper-Hospital Recklinghausen und strahlt dabei über das ganze Gesicht.

Reinhold Beste ist Chef von mehr als 50 Mitarbeitern. Rund 1.000 Essen werden nach seinen Anweisungen täglich in der Krankenhausküche zubereitet und verteilt: an Patienten, Mitarbeiter und die Kindertagesstätte. Der Küchenchef managt den Großeinkauf, plant die Speisen und stellt die verschiedenen Schonkostgerichte zusammen. Reinhold Beste liebt diese abwechslungsreichen Aufgaben und schätzt die festen Arbeitszeiten: Wann immer möglich, ist der Krankenhauskoch nämlich auf dem Wasser unterwegs. Mit Ehefrau und Sohn schippert er als Freizeitkapitän mit dem eigenen Boot über holländischen Kanäle.

Mangoldkuchen

	Für den Mürbeteig
300 g Mehl	auf einen Tisch sieben und in die Mitte eine Mulde drücken.
1 Ei, 150 g Butter, 2 EL Wasser, 1 TL Salz	hineingeben und alles schnell verarbeiten – das heißt, gut durchkneten. Den Teig ausrollen und eine mit
Butter	ausgestrichene Springform damit auslegen. Den Teig möglichst erst „blind" backen, d.h. die Form mit
trockenen grünen Erbsen	füllen und bei 200 °C für 15 Minuten in den Ofen geben.
	Für den Aufguss
3 Eier	in einer Schüssel aufschlagen.
500 g Joghurt-Quark	dazugeben. Mit einem Schneebesen gut verrühren. Mit
etwas Muskat und Salz	würzen.
4 große Mangoldblätter	waschen und klein schneiden. Die Stiele können ebenfalls mit verarbeitet werden.
2 Zwiebeln und 1 Knoblauchzehe	in feine Würfel hacken.
1 TL Butter	in einer Pfanne erhitzen und zuerst Zwiebeln und Knoblauch glasig braten, dann den Mangold dazugeben und dünsten. Wenn noch zu viel Flüssigkeit vorhanden ist, in einem Durchschlag abgießen. Die Masse auf dem Teig in der Springform verteilen, eine Schicht Aufguss darüber geben.
400 g Hartkäse (z.B. Comté)	darüber raspeln und den restlichen Aufguss darüber gießen. Zum Abschluss noch einmal
100 g Hartkäse	darauf streuen und dann bei 130 °C für 35–40 Minuten in den Ofen geben.

Der Mangoldkuchen schmeckt warm oder kalt. Dazu passen sehr gut etwas Feldsalat, der mit Öl, Essig und Salz angerichtet wird, und ein trockener Weißwein.

PRODUKT*INFO* Mangold

Mangold gehörte jahrelang zu den in Deutschland eher vergessenen Gemüsesorten, und das, obwohl er weitaus würziger schmeckt als Spinat und auch vielseitiger verwendbar ist. So können Sie aus Mangoldblättern auch leckere Rouladen (ähnlich wie Wirsingrouladen) zubereiten.

Beim Kauf von Mangold sollte unbedingt auf die Frische geachtet werden. Die Stauden müssen knackig aussehen. Hat der Mangold bereits braune Flecken, am besten die Finger davon lassen. Man sollte die Mangoldblätter gründlich waschen, da sich in den Blattrippen häufig Erde festsetzt. Am besten die Blätter vom Wurzelansatz schneiden und dann einzeln unter fließendem Wasser säubern.

Detlef Bieder

Wer als kleiner Junge bereits lieber mit der Puppenküche der Schwester spielte und als Jugendlicher in der Schule Hauswirtschaft statt Werken belegte, der konnte doch eigentlich nichts anderes werden als Koch. Auch heute, viele Jahre nach den Ausbildungsjahren im Deutschen Hof in Hilchenbach, sagt Detlef Bieder, er könne sich keinen schöneren Beruf für sich vorstellen. Vielleicht wäre alles doch noch anders gekommen, wäre der junge Detlef Bieder in den 70er Jahren von seinem NSU TT und den Bergrennen über die Sauerländer Höhen auf einen richtigen Rennboliden umgestiegen. Für eine Karriere à la Michael Schumacher hätte er wohl glatt Kochmütze gegen Integralhelm getauscht.

So aber wurde er Profi am Herd, kochte in St. Moritz, Straßburg und Frankfurt, bewirtete Henry Maske, die deutsche Eishockey-Nationalmannschaft und reiste mit den Fußballern vom BVB in Dortmund bis in den Kaukasus, damit diese dort nicht auf ihre gewohnt guten Mahlzeiten verzichten mussten. Qualität, das ist es, worauf Detlef Bieder setzt, und so hat er bei ManuFactum in Waltrop den idealen Arbeitsplatz gefunden.

Westfälischer Schnibbelkuchen

500 g fest kochende Kartoffeln	schälen, in Scheiben und dann in feine Streifen schneiden. Bis zum Anbraten in etwas Wasser legen. Für den Teig
1/4 l Milch	in eine Schüssel geben.
3 Eier	hineinschlagen, mit
Salz	würzen und mit dem Schneebesen glatt rühren. Dann
100 g Mehl	unterrühren.
2 Eiweiß	zu Eischnee schlagen. Kühl stellen.
2 große Zwiebeln	schälen und in feine Ringe schneiden.
Etwas Schmalz	in eine Pfanne geben, erhitzen und die Kartoffeln mit einigen Zwiebelscheiben hineingeben. Mit
Salz, Pfeffer, etwas Muskat	würzen. Von beiden Seiten unter einem Deckel etwa 4–5 Minuten garen. Den Eischnee unter die Teigmasse rühren und mit einer Kelle portionsweise über die Kartoffeln geben. Von beiden Seiten gut „stocken lassen“ (ähnlich wie bei einem Speckpfannkuchen). In einer zweiten Pfanne
einige Speckwürfel und Zwiebeln	in
etwas Schmalz	kross anbraten. Diese Mischung vor dem Servieren über den Schnibbelkuchen geben. Dazu passen am besten etwas Salat (Endivien- oder Feldsalat mit einem Sahnedressing) und ein schönes Glas Bier.

PRODUKT*INFO* Westfälischer Schnibbelkuchen

Der Schnibbelkuchen ist westfälisch, sagen die Westfalen, aber auch der Rheinländer möchte die Erfindung des Pillekoken gern auf seine Fahnen schreiben. Wie dem auch sei: In den westfälischen Gasthäusern ist dieses fast in Vergessenheit geratene Gericht wohl noch am ehesten zu finden – serviert meist mit einem frischen Salat und dem noch frischer gezapften Pils.

Inzwischen gibt es immer mehr gute Restaurants und Gasthäuser, die sich dieser traditionellen und leckeren westfälischen Küche verschrieben haben. Damit sind eben nicht Jägerschnitzel und Pommes gemeint, sondern die vielen kleinen kulinarischen Köstlichkeiten, die in der Region zwischen Münster und Siegen früher in den Familien aufgetischt wurden.

Restaurants, die eine solche traditionelle Küche pflegen, haben sich mittlerweile sogar in einem eigenen Verein zusammengeschlossen und werden mit dem Zeichen „Westfälisch genießen“ gekennzeichnet. In diesen Gasthäusern kommen heimische Gerichte auf den Tisch und man legt dort besonderen Wert auf die Verarbeitung von Produkten aus der Region.

Informationen und eine Liste dieser Restaurants finden Sie im Internet unter www.westfaelisch-geniessen.de.

Detelf Bieder | ManuFactum (Waltrop)

Quarkspeise mit Pumpernickel

3 Scheiben Pumpernickel	in kleine Würfel schneiden und in
4 cl Kirschwasser	marinieren.
500 g Joghurt-Quark	mit dem
Mark einer ausgekratzten Vanilleschote	und
80 g Zucker	verrühren. Danach
1/4 l süße Sahne	schlagen und unterheben.
1 Glas Schattenmorellen (750 ml)	auf einem Sieb abtropfen lassen.
	Schichtweise (Quark, Kirschen, Pumpernickel) in einem hohen Glas anrichten.

PRODUKT*INFO* *Pumpernickel*

Die älteste Pumpernickelfabrik der Welt steht – wie könnte es anders sein – in Westfalen, genauer gesagt in Soest. Die Bäckerei Wilhelm Haverland gibt es seit 1570 und noch immer backt aus jeder Haverland-Generation mindestens einer das schwarze Brot mit dem unverwechselbaren Geschmack.

Allein Roggenschrot und Wasser reichen aus, um wie vor 400 Jahren Pumpernickel zu backen – bei einer Backdauer von 24 (!) Stunden. Das Original Soester Pumpernickel gehört zu den wenigen Teigprodukten, die ohne jegliche Zugabe von Salz auskommen – und das ist so ziemlich auch schon alles, was die Haverland-Bäcker über ihr Produkt verraten.

Mittlerweile findet man das dunkle, mildwürzige Brot auch in vielen Gourmet-Restaurants auf der Speisenkarte wieder. Nicht nur deftig mit Käse oder Schinken serviert, sondern immer häufiger mit Süßem kombiniert. Pumpernickel-Parfaits werden angeboten oder auch so schlichte, aber aromatische Desserts wie die Quarkspeise mit Pumpernickel und Kirschen. Hier kommen auch die auf ihre Kosten, denen Eis oder Kuchen einfach zu süß sind.

Von einer Brache zum Unternehmensstandort: ManuFactum hat die Alte Zeche Waltrop mit neuem Leben gefüllt und die wahre Schönheit der Industriearchitektur des Ruhrgebiets wieder ans Tageslicht gefördert.

Unter Tage begann die Geschichte der Zeche bereits 1873. In 500 Metern Tiefe wurde damals die erste Steinkohle gefunden und schon 1904 förderten die Kumpel des Königlich Preußischen Bergfiskus 35.000 Tonnen des schwarzen Grubengoldes. Die Mengen stiegen in den nächsten Jahrzehnten in geradezu unglaubliche Dimensionen: 600.000 Tonnen in den 40er, 700.000 Tonnen in den 50er Jahren und bis zu eine Million Tonnen Steinkohle jährlich im letzten Jahrzehnt bis zur Schließung der Zeche 1979.

Die Schwerindustrie hat das Revier, den Ruhrpott, mehr als ein Jahrhundert lang geprägt. Um die riesigen Bauten entstanden Siedlungen und ganze Städte. Viele dieser traditionellen Arbeiterviertel wurden zu Schmelztiegeln von Menschen unterschiedlichster Herkunft aus aller Herren Länder. Das Zechensterben traf sie schwer. Wo es keine Arbeit mehr gab, kam viel zu schnell Armut und Verfall. Drei riesige Hallen samt historischer Dampfmaschine hat ManuFactum vor einem solchen Niedergang bewahrt und damit ein Stück Geschichte des Reviers für die Nachkommen der Kumpel erhalten. Die restaurierte Alte Zeche Waltrop ist heute Anziehungspunkt für Besucher und ungewöhnlicher Arbeitsplatz für die Beschäftigten eines außergewöhnlichen Unternehmens.

Susanne Braun (Bochum)

Türkischer Bohneneintopf

400 g weiße Bohnen	einen Tag zuvor in Wasser einweichen. Dieses Wasser abgießen und die Bohnen mit frischem Wasser neu aufsetzen. Etwa eine Stunde bei kleiner bis mittlerer Hitze kochen lassen. In der Zwischenzeit das Gemüse schneiden. Am besten mit
4 Zwiebeln und 8 Möhren	beginnen. Die Möhren in dünne Scheiben schneiden, die Zwiebeln würfeln. Etwa 6 der 8 Möhren mit 2 der 4 Zwiebeln in einem Topf mit
Olivenöl	andünsten und 20 Minuten garen.
1 Stück Sellerie, 4 Knoblauchzehen	
1 rote (scharfe) Peperoni, 2 Tomaten	
2 Bund glatte Petersilie	klein schneiden bzw. hacken und zusammen mit den übrigen Möhren und Zwiebeln in einem Mixer oder mit dem Pürierstab pürieren. Die gedünsteten Möhren und Zwiebeln mit
etwas Tomatenmark	abschmecken und mit
scharfem Paprika	würzen. Dann das Ganze unter die Bohnen rühren und die pürierte Masse dazugeben. Mit
Salz, Pfeffer, 1 Prise Zucker	abschmecken.
500 g Reis	in
etwas gesalzener Butter	anrösten und mit Wasser aufgießen. 15 Minuten kochen lassen. Zum Schluss den fertigen Reis als „Bett“ auf einen Teller füllen und den Bohneneintopf dazugeben.

PRODUKT*INFO* Weiße Bohnen

Bei der Zubereitung von Hülsenfrüchten sollten Sie immer folgende Punkte beachten: Getrocknete Hülsenfrüchte müssen unbedingt verlesen werden, da sich in den Samen oft kleine Steine befinden. Die Früchte werden danach in einer Schale mit reichlich kaltem Wasser gewaschen. Die lose auf der Oberfläche schwimmenden Schalenteile lassen sich dann leicht mit dem Wasser abgießen.

Ungeschälte Bohnen und Erbsen sollten am besten über Nacht, Linsen einige Stunden vor der Zubereitung eingeweicht werden. Dadurch reduziert sich nicht nur die Garzeit, die Hülsenfrüchte werden auch wesentlich bekömmlicher und sind leichter verdaulich. Zum Kochen können Sie übrigens auch das Einweichwasser benutzten. Salz und säurehaltige Zutaten verzögern den Garungsprozess und sollten deshalb immer erst zum Schluss an die Speisen gegeben werden.

Neben den weißen Bohnen, die mild im Geschmack sind und eher sämig kochen, gibt es noch andere Sorten, wie zum Beispiel die Rote Bohne. Die bekannteste ist die längliche Kidney-Bohne aus den USA. Ihre Kerne sind rosafarben bis tiefdunkelrot und haben einen würzig-süßlichen Geschmack. Die Kidney-Bohne kocht eher mehlig und behält dabei ihre Form. Als Zutaten sind hier besonders Chili, Koriander und Tomaten zu empfehlen. Wachtel- oder bunte Bohnen sind rötlich, hellbraun oder braun gesprenkelt sowie mittelgroß. Sie kochen relativ weich, aber dennoch fester als weiße Bohnen. Als Gewürze eignen sich dazu Thymian und Knoblauch. Besonders würzig sind schwarze Bohnen. Ihre süßliche Note kann gut mit Ingwer, Gewürznelken, Knoblauch und Kreuzkümmel betont werden.

Susanne Braun

In Wattenscheid geboren und in Krefeld aufgewachsen, bezeichnet sich Susanne Braun selbst als „rheinische Frohnatur". Seit dem Medizinstudium in Bochum ist die Chirurgin aber wieder im Revier zu Hause. Vielleicht fühlt sich die „arabisch-bayerische Mischung" (Susanne Braun über Susanne Braun) ja hier besonders wohl, weil die Menschen im Revier genauso zupackend sind wie sie selbst. Mit anpacken, das wollte sie schon immer und gab deshalb auch ihr Ziel, als Kinderärztin zu arbeiten, auf. Susanne Braun wurde Chirurgin. Sie liebt es, im Operationssaal blitzschnelle Entscheidungen zu treffen.

Wer diesen Beruf ausübt, sollte sehr mutig sein und gleichzeitig eine große Portion Geduld und Sensibilität mitbringen, meint Susanne. Und genau hier hätten Frauen am OP-Tisch einen Vorteil gegenüber den männlichen Kollegen. Die würden dafür mehr Kraft mitbringen.

Kochen ist für sie ideale Entspannung und eher selten hält sich Susanne an vorgegebene Rezepte. Viel lieber macht sie das Kochen zum Event. Schon während des Studiums war sie die „Küchenfee" im Studentenwohnheim. Aufläufe und Eintöpfe gehörten bereits damals zu ihren Spezialitäten. Heute beginnt für sie das Kochvergnügen mit dem Einkauf auf dem Markt. Hier entscheidet sich, was am Abend auf den Tisch kommt. Am besten sind einige Freunde beim Einkauf mit von der Partie. Wenn alle später gemeinsam am Herd stehen, wird die Essenszubereitung zur echten Gaudi und blitzschnell entscheidet Susanne, dass noch mindestens zwei Knoblauchzehen in den Bohneneintopf kommen.

Ludger Busch | Palmgarden im Casino Hohensyburg (Dortmund)

Kalbsröllchen mit Petersilienpüree

80 g Austernpilze	in Streifen zupfen.
12 kleine Möhren	vom grünen Laub befreien (ca. 5 cm der Stielansätze erhalten), schälen und in drei Teile schneiden.
8 Kalbsschnitzel (pro Person 2 à 70 g)	ca. 0,5 cm dünn plattieren, mit
Salz und Pfeffer	würzen, mit
8 Scheiben Parmaschinken	(jeweils eine pro Schnitzel) sowie
frischen Salbeiblättchen	belegen, zusammenrollen und mit einem Zahnstocher aufspießen.
	Für das Petersilienpüree
Olivenöl	in ein hohes Gefäß geben, reichlich Blättchen von
1 Bund frischer glatter Petersilie	abzupfen und beides mit einem Pürierstab gründlich zerkleinern.
12 Stangen grünen Spargel	und Möhren blanchieren und anschließend in Eiswasser geben, um die kräftigen Farben zu erhalten.
	Für das Risotto
4 Schalotten	schälen und fein würfeln, in
Olivenöl	andünsten.
160 g Risotto	waschen und dazugeben, mit
320 ml Gemüsebrühe	ablöschen und ca. 15 Minuten garen.
	Für die Sauce
20 g Zucker	in einem kleinen Topf karamellisieren, mit
40 ml Balsamicoessig	ablöschen, mit
160 ml Bratensaft	auffüllen und leise köcheln lassen.
	Die Kalbsröllchen in
etwas Olivenöl und Butter	von allen Seiten kurz anbraten und im Ofen bei ca. 120 °C ungefähr 10 Minuten weiter garen.
	In derselben Pfanne Pilze, Spargelspitzen, Möhren und
12 Kirschtomaten	kurz anbraten und mit
Salz und Pfeffer	würzen.
	Das Petersilienpüree und
40 ml geschlagene Sahne	mit dem fertigen Risotto verrühren und
40 g gehobelten Parmesan	unterheben.
	Das Risotto, die halbierten Kalbsröllchen und das Gemüse auf vorgewärmten Tellern anrichten und die Balsamicojus darüber geben. Als Dekoration machen sich getrockneter Parmaschinken gut, etwas gehobelter Parmesan, vor allem aber ein paar Kleckse Petersilienpüree.

TIPP

Ludger Busch verwendet beim Braten außer Olivenöl einen Stich Butter: Wenn sie braun wird, hat das Fett genau die richtige Temperatur.

„Zum Glück nie zu weit" – mit diesem Motto lockt die Spielbank Hohensyburg in Dortmund seit 1985 ihre Gäste an. Gelegen in der Nähe der historischen Burganlage, ist die Spielbank heute die umsatzstärkste Deutschlands.

Die Casino-Küche bietet „fine dining". Seit 15 Jahren sorgt Ludger Busch im „Palmgarden" für eine exquisite Karte. Schon als 14-Jähriger hat er im Restaurant gejobbt, nach der Kochausbildung ging er auf Wanderschaft. Ludger Busch hat bei den Großen des Fachs in die Töpfe geguckt – Neues zu lernen findet er bis heute wichtig. Die Azubis in seiner Küche profitieren davon – mittlerweile haben 75 junge Leute bei Ludger Busch gelernt, was hochwertige zeitgemäße Kochkunst ist. Beste Zutaten, leichte, frische und saisonale Menüs stehen auf seiner 14-tägig wechselnden Karte. Die Gäste danken es, denn sie wissen, dass ein Casino-Besuch zumindest für den Gaumen Genuss pur sein wird.

Ludger Busch

Ulla Delsing, Ingrid Pieper
und René Weigt | quartier d (Dorsten)

Italienischer Gemüseauflauf

250 g Zucchini und 250 g Auberginen	waschen, putzen und der Länge nach in 1/2 cm dicke Scheiben schneiden. Das Gemüse getrennt in Schüsseln geben und mit
Salz	würzen.
250 g Kartoffeln	schälen, waschen in Scheiben hobeln und in Wasser legen.
250 g Paprikaschoten	putzen, waschen und der Länge nach achteln.
100 g Staudensellerie	putzen, waschen und mit den zarten Blüten fein hacken.
5 Frühlingszwiebeln	putzen, die weißen und grünen Teile in feine Ringe schneiden.
2 Knoblauchzehen	schälen und pressen.
2 Dosen geschälte Tomaten	grob zerkleinern.
50 g schwarze Oliven	in Ringe schneiden.
75 g milden Schafskäse und 75 g Fontina oder mittelalten Gouda	raspeln oder grob hacken.
Sonnenblumenöl und 1 EL Olivenöl	in einer großen Pfanne erhitzen. Frühlingszwiebeln, Sellerie, Knoblauch und
1/2 Peperoncini	darin andünsten. Tomaten mit dem Sud und
1 EL Tomatenmark	verrühren und hinzufügen. Das Ganze mit
Balsamicoessig, Oregano, Salz schwarzem Pfeffer, 1 italienischen Kräuterwürfel	würzen und 20 Minuten bei mittlerer Hitze köcheln lassen. Eine Auflaufform mit
1/2 EL Olivenöl	auspinseln, ein Drittel der insgesamt
40 g Fadennudeln	abgetropfte Kartoffelscheiben, ausgedrückte Auberginen und Paprikaspalten darauf schichten. Danach ein weiteres Drittel der Fadennudeln, ein Drittel Käse, die Hälfte von
1 Bund Basilikum	und die Zucchini darauf verteilen. Zum Schluss die restlichen Nudeln, Basilikumblätter und etwas Käse darüber streuen, den eingekochten Tomatensugo darüber verteilen und mit dem restlichen Käse bestreuen. Im vorgeheizten Backofen bei 200 °C 45 Minuten backen. In den letzten 10 Minuten mit Alufolie abdecken.

„Powerfrau“ – diese Bezeichnung ist wie für Ulla Delsing gemacht. Ihr innerer Motor läuft von früh am Morgen bis tief in die Nacht auf Hochtouren. Wer da mithalten will, braucht eine Top-Kondition und ihre Mitarbeiter stöhnen wohl manches Mal laut auf, wenn Ulla wieder eine zündende Idee hat.

So wie beim „quartier d“. „Jetzt machen wir mal was ganz anderes“, soll sie angeblich gesagt haben und gesagt ist bei Ulla Delsing so gut wie getan: Aus einer ehemaligen LKW-Garage wurde ein Kneipen-Restaurant mit besonderem Flair. Weiße oder rosafarbene Tischdecken, Tand an den Wänden und Nelken in Blumenvasen sucht man hier vergeblich. Stattdessen dominieren natürliche Materialien. Einige weiße Stumpenkerzen reichen völlig aus, um festliche Akzente zu setzen.

Ulla Delsing selbst ist dabei immer überall. Als ihre Köchin krank wurde, sprang sie kurz entschlossen ein und stellte sich für den Ruhrpott selbst vor die Kamera. Hochkonzentriert, die Brille keck auf der Nasenspitze balancierend, kochte sie für uns den Gemüseauflauf. Denn das, was Ulla Delsing von ihren Mitarbeitern verlangt, das verlangt sie auch von sich selbst, wenn nicht sogar viel, viel mehr.

Ulla Delsing

Ulla Delsing, Ingrid Pieper
und René Weigt | quartier d (Dorsten)

Grünkohl mit Entenbrust und Pfefferbirnen

1 kg Kartoffeln	schälen und grob zerteilen. In einen Topf mit Salzwasser geben und in ca. 25 Minuten weich kochen.
1 EL Gänseschmalz	in einem Topf zerlassen.
600 g tiefgefrorenen Grünkohl	dazugeben, mit
3/8 l heißer Gemüsebrühe	begießen und mit
pikanter Pfeffermischung und	
1 EL Röstzwiebeln	würzen,
etwas Birnensaft	hinzufügen und 30 Minuten kochen lassen. Die Kartoffeln abgießen, zum Grünkohl geben und zusammen zerstampfen. Inzwischen
3 Entenbrustfilets	auf der Hautseite rautenförmig einschneiden und von beiden Seiten mit
Salz und Pfeffer	würzen. Eine ungefettete Pfanne erhitzen und die Entenbrust auf der Hautseite 3 Minuten kräftig anbraten. Danach bei mittlerer Hitze 8 Minuten braten. Die Entenbrustfilets mit der Hautseite nach oben mit
1 Zweig Rosmarin und 6 Salbeiblättern	in eine Auflaufform legen und auf der mittleren Schiene im auf 200 °C vorgeheizten Backofen 8–10 Minuten braten. Zum Bratfond
4 gewürfelte Dosenbirnen und	
1/8 l Hühnerbrühe	geben, kurz durchschmoren, dann pürieren. Den ausgetretenen Fleischsaft zur Sauce geben. Für die Pfefferbirnen
eingelegte grüne Pfefferkörner	mit
etwas Butter	mit einer Gabel zerdrücken und zusammen mit
etwas Birnensaft sowie	
etwas Apfel- und Balsamicoessig	erhitzen.
2 frische feste Birnen	in Scheiben schneiden, dazugeben und einkochen, bis die Birnen leicht karamellisieren.

Den Grünkohl auf vorgewärmte Teller geben, die Entenbrust in dünne Scheiben schneiden, mit Pfefferbirnen fächerförmig auf den Tellern platzieren und etwas Sauce um die Entenbrust gießen.

Ingrid Pieper

Mit 52 Jahren noch einmal in die Lehre gehen und ganz von vorn anfangen? Ingrid Pieper hat diesen mutigen Schritt gewagt. Nachdem sich ihr Leben lange Jahre in den eigenen vier Wänden abspielte, sie sich um Haushalt und Kinder kümmerte, schlug Ingrid Pieper 1999 einen völlig neuen Weg ein: In der Handwerkstatt von Ulla Delsing, dort, wo seit mehr als zwei Jahrzehnten Menschen beruflich qualifiziert werden, absolvierte die Spätberufene eine zweijährige Ausbildung zur System-Gastronomin. Zusammen mit Menschen, die halb so alt waren wie sie selbst.

Immer schon hatte sie gut gekocht, aber erst während der Lehre zeigte sich dann ihr ganzes Talent. Ingrid Pieper war am Herd so kreativ, dass sie nach ihrer Ausbildung sofort im Restaurant „quartier d" als Köchin übernommen wurde. In einem Alter, in dem sich andere langsam zur Ruhe setzen, startete die neue Karriere der Ingrid Pieper.

Im „quartier d" kann sie nun ihre Liebe zu italienischem Essen voll und ganz ausleben. Ihre Kreationen mit mediterranem Touch stehen bei vielen Gästen hoch im Kurs. Menüs für 70 oder 80 Gäste hat sie schon allein zubereitet und aufgetischt. Keine Frage: Ingrid Pieper ist an ihren Aufgaben gewachsen und niemand kann sie so schnell aus der Ruhe bringen.

>>

Ulla Delsing, Ingrid Pieper und René Weigt | quartier d (Dorsten)

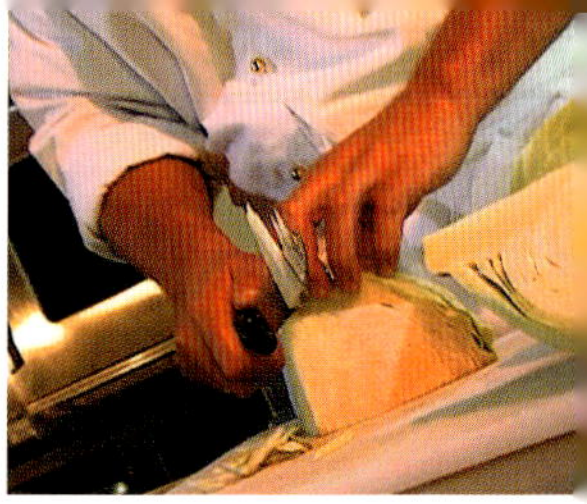

>>

Weil aber die Nachfrage immer größer wird, immer mehr Gäste den Weg nach Dorsten finden, hat Ingrid Pieper Verstärkung bekommen:

René Weigt ist der Koch an ihrer Seite. In Thüringen geboren und aufgewachsen, führte ihn sein beruflicher Weg über Kassel und Warburg in die Weltstadt Hamburg. Zehn Jahre lang war die Hansestadt nicht nur seine berufliche Heimat. Dass er nun in Dorsten gelandet ist – was ja bei aller Sympathie nicht gerade mit der Weltstadt im hohen Norden zu vergleichen ist –, stört René Weigt überhaupt nicht. Er genießt die Natur. Die Nähe zum Münsterland und zum Ruhrgebiet machen Dorsten als Wohnort für ihn besonders attraktiv und die Arbeit im „quartier d" muss von einem anderen Restaurant erst einmal überboten werden. Denn hier sorgt Chefin Ulla Delsing ganz bestimmt dafür, dass es auch ihren Köchen niemals langweilig wird.

PRODUKT*INFO* Ente und Weißkohl

Der Konsum an Geflügel hat sich in den vergangenen Jahren deutlich erhöht. Bis auf wenige Ausnahmen ist Geflügelfleisch nämlich recht mager und reich an Eiweiß. Die beste Zeit für Entenfleisch ist zwischen Oktober und Januar. Besonders mager und wohlschmeckend sind die 2.500 bis 3.500 g schweren Flugenten oder die aus französischer Zucht stammenden Babarie-Enten.

Zu Entenfleisch passen sehr viele verschiedene Gemüse, aber auch süße oder saure Früchte. Wichtig ist bei der Zubereitung, dass die Früchte die feste, braune Haut nicht aufweichen. Garnieren Sie deshalb Entenbraten möglichst nur rundherum oder legen Sie die Beilagen in eine extra Schüssel. Als Füllung oder Beilage eignen sich vor allem Äpfel, Orangen und Ananas, aber auch Sauerkirschen und Maronen.

Eher ungewöhnlich ist diese Kombination mit Weißkohl. Das Rezept hat René Weigt aus seiner thüringischen Heimat mit ins Revier gebracht. Hier wird Weißkohl, der sehr reich an Vitamin C ist und viele weitere Mineralstoffe enthält, gern zu Lamm gegessen. Aus den großen Kohlblättern lassen sich aber auch gut gefüllte Rouladen machen. Weißkohl ist übrigens das ganze Jahr über im Angebot und kann im Kühlschrank problemlos 14 Tage gelagert werden.

Entenkeulen auf Weißkohl

1 Weißkohl (ca. 1 kg)	etwas säubern und in dicke Streifen schneiden.
4 Entenkeulen	mit
Salz und Pfeffer	würzen und in einer Pfanne ohne Fett rund 20 Minuten anbraten. Aus der Pfanne nehmen und in dem vorhandenen Fett
Zucker	karamellisieren (bis er dunkelbraun ist). Dann den Kohl dazugeben, vermengen und 3–5 Minuten schmoren. Die Entenkeulen auf den Kohl legen,
frischen Thymian und etwas Wasser	dazugeben. Bei 200 °C mit geschlossenem Deckel 1 1/2 Stunden im Ofen braten lassen. Die Kartoffelklöße können Sie bereits am Vortag zubereiten. Dazu
8 gekochte Kartoffeln, Grieß Semmelbrösel, 2 Eier, 125 ml Milch etwas Salz	zu einer festen Masse verrühren und Klöße daraus formen. In heißem Wasser rund 12 Minuten sieden lassen. Die abgekühlten Klöße in Scheiben schneiden und in einer Panade aus
Semmelbröseln und klein gehacktem Rosmarin	wälzen. Dann in einer Pfanne mit
etwas Butter	goldgelb braten. Für die letzten 5–10 Minuten geben Sie noch
2 Äpfel	in Schnitzen zu den Entenkeulen und dem Kohl in den Ofen. Wer möchte, kann den Entenkeulen mit
ein wenig Meerrettich	zusätzlichen Pfiff geben.

Rudolf und Doris Einhaus | Jägerhof Einhaus
(Dorsten-Hervest)

Pasta mit Gemüsestreifen

TIPP

Bärlauch ist nicht so geschmacksintensiv wie Knoblauch und leichter zu verarbeiten.

700 g breite Spaghetti	in Salzwasser mit
etwas Olivenöl	kochen.
700 g Gemüse nach Wahl, z.B. Fenchel, Paprika, Tomaten, Frühlingszwiebeln, Sojasprossen	in feine Streifen schneiden und in
Olivenöl	kurz (ca. 3 Minuten) anbraten – das Gemüse soll den Biss behalten. Das Gemüse mit
etwas Knoblauch oder frischem Bärlauch	würzen.
	Das Gemüse mit den Nudeln vermengen. Mit
Salz, Pfeffer, einer Prise Zucker, Sojasoße	abschmecken.
	Auf einem Teller anrichten und mit
frisch geriebenem Parmesan	servieren.

PRODUKT*INFO* Pasta

Um die Entstehung der Nudeln ranken sich viele Geschichten und Legenden. Wie so oft verdanken wir wohl auch die „Erfindung" der Pasta eher dem Zufall.

Das älteste überlieferte Nudelrezept stammt übrigens nicht aus Italien, sondern aus Asien und steht auf einem über 4.000 Jahre alten Pergament. Die Nudeln wurden damals aus Weizenmehl, Eiern und Wasser zubereitet.

Heute unterscheiden wir im Wesentlichen zwei Grundtypen von Pasta: frische und trockene Nudeln. Für die Herstellung der frischen Nudeln wird Weichweizengrieß verwendet. Er ist mit Mehl vergleichbar und ergibt in Kombination mit Eiern einen elastischen Teig. Für trockene Nudeln nimmt man hingegen Hartweizengrieß und oft ebenfalls Eier, um den Teig zu strecken. Hartweizengrieß ist teuer, da er nur in wenigen Ländern kostengünstig angebaut wird.

Pasta gibt es in vielen verschiedenen Formen und Farben. Als Grundregel gilt: Dünne Nudelsorten wie zum Beispiel Spaghetti sollten mit einer leichten Soße serviert werden, zu dickerer Pasta – wie etwa Fettuccine – passen auch schwerere Varianten. Besonders leicht und bekömmlich sind Nudeln, wenn sie, wie im Jägerhof Einhaus, mit frischem Gemüse, ganz ohne Soße serviert werden. Dann ist Pasta auch kein Dick-, sondern ein Fitmacher.

Nudeln werden in einem großen Topf mit reichlich leicht gesalzenem Wasser gekocht. Das Wasser sollte bei geöffnetem Deckel leicht sprudeln. Ein Schuss Olivenöl verhindert, dass die Nudeln beim Kochen aneinander kleben. Der wahre Pastafreund kocht seine Nudeln natürlich immer „al dente", also bissfest. Dabei ist die Pasta außen zart, bietet aber beim Daraufbeißen noch einen kleinen Widerstand.

Doris Einhaus

Doris Einhaus hat eine lange Lehrzeit hinter sich. Sechs Jahre, um genau zu sein. Die ausgebildete Zahnarzthelferin sattelte nämlich noch einmal um. Aus Liebe zu ihrem Mann Rudolf machte Zahnarzthelferin Doris eine Kochlehre und managt heute die Küche im eigenen Betrieb. Bereut hat sie diesen Schritt nie.

Der Jägerhof Einhaus in Dorsten-Hervest blickt wahrlich auf eine lange Tradition zurück. Rudolf Einhaus kann gar nicht sagen, in der wievielten Generation sich das Familienunternehmen heute befindet. Sicher ist nur: Die Familie Einhaus lässt sich bis ins Jahr 1530 zurückverfolgen und schon immer wurden bei Einhaus Gäste bewirtet.

Zunächst war es nur ein Bauernhof mit Gastschänke. Dann kam im 19. Jahrhundert die Schnapsbrennerei dazu (die Rechte sind noch heute im Familienbesitz). 1908 waren in dem rotweißen Fachwerkgebäude eine Gaststätte, die Post, ein Kolonialwarenladen und der Bauernhof untergebracht. „Zur wilden Kastanie" hieß der Jägerhof damals und in einer Festschrift aus dem Jahre 1926 hielt sich Urgroßvater Friedrich Einhaus den Ausflüglern „bestens empfohlen". Pferde wurden damals einfach vor dem Gasthaus angebunden und nach der Kirche oder der Jagd traf man sich bei Einhaus in Hervest zum Stammtisch. Im Zweiten Weltkrieg wurden die schönen alten Kessel der Kornbrennerei abgebaut und zu Munition verarbeitet und auch der Bauernhof veränderte sein Aussehen. Bis in die 70er Jahre gab es allerdings bei Einhaus Kühe, Schweine und Pferde und es wurde natürlich auch selbst geschlachtet.

>>

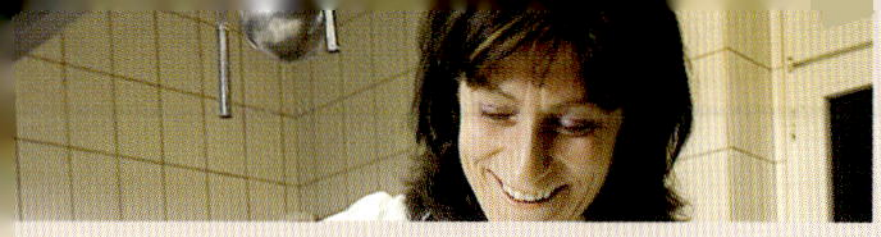

Rudolf und Doris Einhaus | Jägerhof Einhaus (Dorsten-Hervest)

>>
Rudolf Einhaus wäre normalerweise nicht in den Betrieb eingestiegen, aber sein ältester Bruder interessierte sich rein gar nicht für die Gastronomie. Und so führte Rudolf die Familientradition weiter, absolvierte seine Lehrjahre im „Deutschen Vater“ in Münster, besuchte die Hotelfachschule und übernahm schließlich, zusammen mit seiner Frau, den Jägerhof. Noch heute steht im großen Biergarten die jahrhundertealte Kastanie, die der Gaststätte einst ihren Namen gab. Außerdem gibt es hier draußen auch den großen Grill, auf dem im Sommer vor den Gästen leckere Fleischstücke, aber auch Gemüsevariationen zubereitet werden.

Für Betriebsfeiern, Hochzeiten und Jubiläen steht die große Tenne zur Verfügung. Für alle anderen Gäste, auch die des Hotels, gibt es einen kleinen Saal und das ganz normale Restaurant, wo gutes westfälisches Essen auf den Tisch kommt.

Rudolf Einhaus

Gemüsesuppe mit Kalbsklößchen

300 g Kartoffeln, 300 g Möhren, 150 g Sellerie, 1 Stange Porree, 1 1/2 mittelgroße Zucchini	in Würfel schneiden.
2 1/2 l Fleischbrühe	zum Kochen bringen und Kartoffeln, Möhren und Sellerie bei kleiner Stufe kochen. Nach etwa 5 Minuten
250 g kleine Nudeln	dazugeben und weitere 5 Minuten kochen lassen. Dann Zucchini und Porree hinzufügen.
6 Tomaten	schälen, würfeln und ganz zum Schluss ebenfalls in die Suppe geben.
300 g Kalbfleisch	in große Würfel schneiden und mit
1/4 Gemüsezwiebel, 6 Eigelb	
Salz und Pfeffer	in den Küchenmixer geben und ca. 2 Minuten schlagen. Dann
3 EL Weizengrieß	und
Petersilie	hinzufügen und nochmals 2 Minuten schlagen.
3 Eiweiß	zu Schnee schlagen und vorsichtig unter die Fleischmasse heben. Salzwasser zum Kochen bringen und die Fleischklöße vom Löffel in das Wasser abstechen. Die Klöße etwa 5–7 Minuten gar ziehen lassen. Die fertige Suppe portionsweise mit zwei bis drei Klößen und
etwas Basilikum	auf dem Teller anrichten und servieren.

PRODUKT*INFO* *Gemüse für Kinder*

Viele Kinder mögen kein Gemüse. Da können die Eltern noch so viel reden: Möhren, Sellerie, Lauch, Fenchel oder Kohl werden gnadenlos auf den Tellerrand geschoben.

Mit dieser Gemüsesuppe hat Doris Einhaus schon viele nörgelige kleine Esser ausgetrickst: Zunächst einmal können Sie die Suppe mit den Gemüsesorten zubereiten, die ihre Sprösslinge wirklich gern essen. Ein guter Tipp von Ernährungspsychologen ist auch, die Kinder beim Einkaufen mitzunehmen, z.B. auf den Wochenmarkt. Hier können sie sich ihr ganz persönliches Lieblingsgemüse selbst aussuchen.

Auch das Gemüseputzen und Schnippeln ist für die Jüngsten manchmal ein echter Anreiz. Da schmecken die Möhren dann später doch gleich doppelt so gut, wenn man sie vorher sorgfältig gesäubert und in kleine Stücke geschnitten hat. Das gemeinsame Kochen ist für Kinder ohnehin von großer Bedeutung, denn nur so lernen sie, woher Nahrung kommt und wie man auch ohne Pizza und Döner überleben kann. Spannend ist es auch, die Suppe mit Buchstabennudeln zu kochen. Das sieht nett aus, und wer Lust hat, kann das Essen so auch noch spielerisch gestalten.

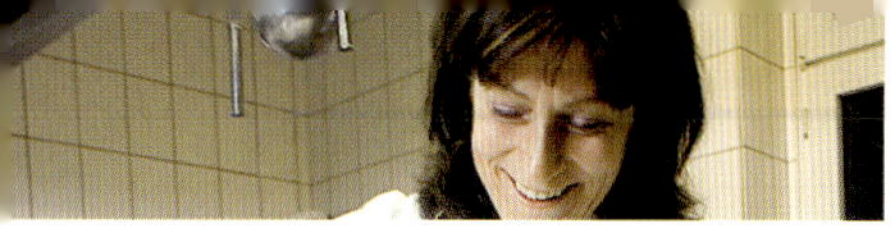

Rudolf und Doris Einhaus | Jägerhof Einhaus
(Dorsten-Hervest)

Gefüllte Gans mit Semmelklößen

3 Äpfel (z.B. Elstar) und 2 Orangen	schälen, halbieren und entkernen.
1 Gans (4–4,5 kg)	mit
Salz, Pfeffer, Paprika	von beiden Seiten gut würzen. Mit Äpfeln und Orangen füllen. Mit Zahnstochern schließen oder mit Garn vernähen. Bei 180 °C ca. 3 Stunden im Backofen braten. Dabei ab und zu mit dem eigenen Fett übergießen. Damit die Haut schön kross wird, die letzten 15–20 Minuten ohne Deckel in den Ofen stellen. Aus dem Bratenfond lässt sich leicht eine leckere Soße machen. Dazu das Bratenfett durchsieben und das überschüssige Fett abschöpfen. Dann mit
etwas Orangensaft und Mondamin	verrühren.
10 alte Semmeln	in Würfel schneiden und mit
400 ml warmer Milch	übergießen. Das Ganze etwa 15 Minuten ziehen lassen.
1/2 Zwiebel	würfeln und in
etwas Butter	anschwitzen. Nun
etwas Petersilie, 120 g Mehl, 2 Eier, 2 Eigelb, 80 g flüssige Butter, Salz, Muskat	untermischen und alles zu einem Teig verkneten. Aus diesem Teig Klöße formen und in kochendes Wasser geben. Kurz aufkochen und dann 10 Minuten ziehen lassen.

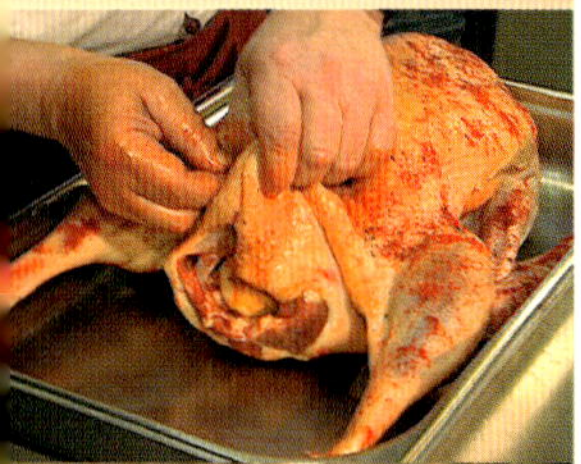

PRODUKT*INFO* Martinsgans

Um die Martinsgans ranken sich viele Legenden: So wird in alten Schriften berichtet, dass die Bewohner von Tours Martin als Nachfolger des gerade verstorbenen Bischofs auserwählt hatten. Da er sich des Amtes für unwürdig hielt, versteckte er sich in einem Gänsestall. Dort wurde er durch das Geschnatter der Gänse verraten und gefunden.

Den Gänsen wird seit alters auch eine besondere Heilkraft zugeschrieben. Ihr Fett soll gegen Gicht helfen, ihr Blut gegen Fieber. Als Wundermittel gegen Epilepsie gilt eine Feder vom linken Flügel; sie muss verbrannt, der Überrest mit Wein vermengt und das Ganze anschließend getrunken werden.

Wir halten uns lieber an den klassischen Gänsebraten, der in Westfalen gern mit Orangen und Äpfeln, in anderen Regionen allerdings auch deftiger gefüllt wird. So essen die Norddeutschen ihre Martinsgans gern herzhaft: mit Mett, Zwiebeln, Knoblauch und Kräutern. Eine Martinsgans ist übrigens nichts für die schlanke Linie, aber: Einmal im Jahr kann so ein Gänsebraten, der außen knusprig und innen zart ist, bestimmt nicht schaden.

Rudolf und Doris Einhaus | Jägerhof Einhaus (Dorsten-Hervest)

Stielmuseintopf

750 g Rindfleisch	in feine Streifen schneiden und mit 2 Litern kaltem Wasser aufsetzen.
1/2 klein geschnittene Gemüsezwiebel und einen „Gemüsebeutel" mit 1/2 Stange Porree, 1 Möhre, 1/2 große Gemüsezwiebel, 3 Nelken, 2 Wacholderbeeren, 2 Lorbeerblätter, Pfefferkörner	dazugeben und eine halbe Stunde kochen lassen – dabei gelegentlich abschäumen.
1200 g Kartoffeln	würfeln und dazugeben und nochmals eine halbe Stunde garen lassen. Dann den Gemüsebeutel entnehmen.
1200 g Stielmus	in feine Streifen schneiden und hinzufügen. Das Ganze nochmals 15 Minuten ziehen lassen. Zum Schluss den Eintopf mit
etwas Sahne oder Mondamin	eindicken und verfeinern, mit
Salz und etwas Zucker	abschmecken.
3 Graubrotscheiben	in Streifen schneiden und von beiden Seite in einer Pfanne mit
etwas Butter	rösten. Mit diesen Brotstreifen und
etwas Petersilie	wird der Eintopf auf dem Teller angerichtet.

Dorsten-Hervest liegt genau an der Schnittstelle zwischen Ruhrgebiet und Münsterland und direkt am Jägerhof Einhaus vorbei führt die berühmte „Römerroute". So bietet sich der Gasthof als Start oder Ziel für kleinere und größere Ausflüge mit dem Rad förmlich an. Viele Freizeitradler kehren nach einer Tour am Sonntagmittag gern hier ein und manch einer bleibt gleich mehrere Tage, um alle Strecken bis ins Münsterland hinein zu testen.

Von Xanten über Wesel, Dorsten, Selm, Hamm, Lippstadt führt so zum Beispiel die Römerroute bis nach Detmold in den Teutoburger Wald. 280 Kilometer Wegstrecke entlang der Lippe, durch malerische Landschaften, vorbei an alten Industrieanlagen des Ruhrgebiets.

Natürlich ist es auch möglich, nur einzelne Streckenabschnitte zu fahren. Ein Römerhelm leitet als Symbol die Radfahrer von Xanten nach Detmold (grüner Pfeil) oder umgekehrt (roter Pfeil). In einigen Bereichen gibt es interessante Überschneidungen mit der 100-Schlösser-Route. So können also nicht nur Überreste von alten Römerlagern oder das Römermuseum in Haltern besichtigt werden, auch die Wohnsitze germanischer Adelsfamilien und historische Wasserburgen sind entlang der Route zu finden. Bei der Münsterland Touristik gibt es genaue Routenplaner und weitere Informationen.

TIPP

Benutzen Sie als „Gemüsebeutel" ein kleines Baumwollsäckchen, in das Sie das Suppengemüse und die Gewürze geben. So müssen Sie am Schluss nicht alles einzeln wieder „herausfischen".

PRODUKTINFO Stielmus

Das Stielmus oder der Stielmus: In den Rezeptsammlungen sind beide Variationen zu finden. Der Stiel – das Mus? Eine Frage, an der sich die Geister scheiden, wie auch an der Gemüseart selbst.

Stielmus, auch Stängelmus genannt, ist ein altes Blattstiel-Kohlgemüse, das vor allem im Ruhrgebiet und in Westfalen bekannt ist. Geerntet wird es von Mai bis in den Herbst hinein. Stielmus wird am besten ganz frisch, also direkt nach der Ernte, verarbeitet, denn selbst im Kühlschrank halten sich die zarten Blätter kaum länger als zwei Tage. Zu Eintopf verarbeitet, ist Stielmus besonders für die Kriegsgeneration aus dem Ruhrgebiet mit vielen schlechten Erinnerungen behaftet: Hier kam das Gemüse aus dem eigenen Kleingarten in den 40er Jahren so oft auf den Tisch, dass so mancher heute noch einen weiten Bogen darum macht. Dabei lässt sich Stielmus zu einer schönen Beilage verarbeiten, indem es gehackt, gedünstet und mit einer holländischen Sauce zu Fleisch oder auch zu Fisch serviert wird.

Wirsingeintopf mit Hackfleischbällchen

1 Wirsingkopf	putzen, waschen, den Strunk entfernen und in feine Streifen schneiden.
250 g Kartoffeln	schälen und würfeln.
250 g Möhren	schälen und in Scheiben schneiden.
1 Stange Lauch	putzen, waschen und in Ringe schneiden.
2 Zwiebeln	abziehen und würfeln.
250 g Hackfleisch	mit
Salz und Pfeffer	würzen und in kleine Bällchen formen.
3 EL Öl	in einem großen Topf erhitzen, die Zwiebeln darin anbräunen und mit
1,5 l Gemüsebrühe	aufgießen. Wirsing, Kartoffeln, Möhren, Lauch, Hackfleischbällchen und
400 g Schälrippchen	hinzufügen, mit
Salz, Pfeffer, Majoran, Kümmel	würzen. Das Ganze ca. 40–50 Minuten köcheln lassen. Kurz vor dem Servieren den Eintopf nochmals abschmecken.
1/2 Bund Petersilie	waschen, trockentupfen und klein schneiden. Den Eintopf in Teller füllen und mit der Petersilie dekoriert servieren.

TIPP

Wer hat, sollte frische Majoranblättchen nehmen. Wer keine Kümmelkörner in der Suppe mag, kann wegen des Aromas die Körner auch in einem Kaffeefilter oder Gazebeutel mitkochen oder aber gemahlenen Kümmel verwenden.

Wolfgang Frenser ist Hobbykoch aus Leidenschaft: Schon mit 17 hat er als einer von zwei Männern unter 25 Frauen einen Kochkurs belegt. Der Härtetest war vermutlich seine Zeit als Smutje: Wer hungrige Männer auf einem Segeltörn in einer winzigen Schiffsküche satt bekommt, den schrecken auch 100 Essen in der „Lindenbrauerei" nicht mehr. Hier kocht er mit drei Freunden als „Quartett Curioso" einmal im Monat ein – regelmäßig ausgebuchtes – Spezialmenü. Der begeisterte Ruhrgebietsfan bevorzugt bodenständige Zutaten: „Man muss alles in Unna kaufen können", sagt er immer, wenn er sich ein neues Rezept ausdenkt. Sein Spezialgebiet allerdings, die Patisserie, ist durchaus luxuriös und deshalb stehen bei ihm selbstverständlich auch arabische Mandelplätzchen und Mango-Erdbeer-Baisers auf der Karte.

Wenn er nicht kocht, singt der Trompeter und Schlagzeuger in seiner Band „Cantus brutalis" oder ist mit dem Kirchenchor auf Tournee. Und damit nicht genug: Das sinnesfreudige Multitalent ist auch noch Stadtführer. Besonderes Highlight: „Unna bei Nacht". In sechs Stationen erfahren einheimische und auswärtige Besucher alles über die Gastronomiegeschichte der Stadt. Natürlich wird die Trinkfestigkeit auch in der „Lindenbrauerei" erprobt: bei einem zünftigen „Lindenbier".

Wolfgang Frenser

l'olive
ve l'olive

Wolfgang Frenser | Lindenbrauerei (Unna)

Hähnchenbrust mit Birnen-Zwiebelgemüse

4 doppelte Hähnchenbrustfilets waschen, trockentupfen, von Fett und Sehnen säubern und trennen. Dann von beiden Seiten mit
Salz und Pfeffer würzen.
2 große Gemüsezwiebeln schälen und in große Stücke schneiden.
1 Stange Porree putzen und in Ringe schneiden.
2 große Birnen schälen, das Kerngehäuse entfernen, die Viertel in mittelgroße Stücke würfeln.
2 Zitronen auspressen und etwas Saft unter die Birnenstücke mischen, damit sie nicht braun anlaufen. In einer großen Pfanne
Pflanzencreme oder -öl erhitzen und die Hähnchenfilets von beiden Seiten braten, bis sie schön braun sind. Das Fleisch aus der Pfanne nehmen und in Alufolie gewickelt im vorgeheizten Backofen warm halten. Das Gemüse in dem Bratenfett anbraten und mit
1/8 l trockenem Weißwein ablöschen. Zugedeckt ca. 5 Minuten bei mittlerer Hitze köcheln lassen. In der Zwischenzeit das Wasser für
250 g Bandnudeln aufsetzen. Sie brauchen ca. 7 Minuten Garzeit. Nach Belieben parallel ein kräftiges Bauernbrot im Backofen knusprig bräunen. Die gewürfelten Birnen zum Zwiebelgemüse geben und andünsten, dann kommen
125 g süße Sahne dazu. Alles mit
Zitronensaft, Salz, weißem Pfeffer abschmecken. Dann die Hähnchenfilets auf das Gemüse geben und beides zusammen mit Bandnudeln und Brot in der Pfanne servieren. Dazu passt ein trockener Riesling.

TIPP
Die Birnen sollten fest sein, damit sie nicht verkochen. Am besten eignen sich Abate- oder Packham-Birnen.

TIPP
Statt der Hähnchenbrustfilets können Sie auch Schweinefilets nehmen.

PRODUKTINFO Birnen

Die Birne ist schon mindestens 5.000 Jahre alt, will man Archäologen glauben, die sie im Kaukasus nachgewiesen haben. Kultiviert wurde sie im antiken Griechenland, doch mittlerweile wird sie weltweit angebaut.

Reife Birnen müssen rasch verzehrt oder weiterverwendet werden, da sie schnell verderben. Aufgrund ihres hohen Phosphor- und Kieselsäuregehalts gelten die köstlich süßen Früchte als Gehirn- und Nervennahrung, der hohe Jod-Anteil unterstützt die Schilddrüsenfunktion.

Wer die Birne nicht wie Wolfgang Frenser würzig kombinieren möchte, sollte es einmal mit einem frischen Saft probieren: Er wirkt stark reinigend und liefert jede Menge Energie

Vegetarischer Blumenkohleintopf mit Thymian

1 Bund Thymian nehmen und die Blättchen von den Stielen zupfen.
300 g Möhren putzen und in Scheiben schneiden.
300 g Kartoffeln schälen, waschen und in grobe Würfel schneiden. Kartoffeln und Möhren in
4 EL Olivenöl andünsten.
1–2 Knoblauchzehen schälen und pressen. Knoblauch und die Hälfte der Thymianblätter dazugeben. Mit
1–2 EL Mehl bestäuben und anschwitzen, dann
2 Gläser Gemüsefond und 1 Glas Rinderfond zugießen und unter Rühren aufkochen lassen. Mit
Salz, schwarzem Pfeffer, einer Prise Zucker würzen, zugedeckt etwa 10 Minuten köcheln lassen.
1 Blumenkohl (etwa 1,5 kg) putzen und die Röschen vom Strunk entfernen.
300 g Zucchini putzen, halbieren und in Scheiben schneiden.
Blumenkohlröschen in den Topf geben, nach weiteren 5 Minuten auch die Zucchini. Zusammen weitere 5 Minuten zugedeckt garen.
Für die Sauce
6 EL Zitronensaft mit
Salz, Zucker, schwarzem Pfeffer verrühren, die restlichen Thymianblättchen und zum Schluss
2 EL Olivenöl dazugeben und abschmecken. Den Eintopf mit einem Passierstab im Topf leicht anpürieren. Die Suppe abschmecken, in tiefen Tellern anrichten und die Zitronen-Thymian-Sauce dazu reichen. Außerdem passt dazu Baguette und ein leichter trockener Weißwein.

TIPP

Wer dem Blumenkohleintopf einen mediterranen Touch geben möchte, kann anstelle der Zitronen-Thymian-Sauce auch frisch geriebenen Parmesankäse auf die Suppe geben.

PRODUKTINFO Blumenkohl

Blumenkohl stammt aus Kleinasien. Italienische Kreuzfahrer sollen ihn im 16. Jahrhundert nach Europa mitgebracht haben. 200 Jahre später kam das milde Kohlgemüse auch nach Deutschland. Es lässt sich als Rohkost oder gedünstet verzehren. Da sich zwischen den Röschen gern Raupen und Ungeziefer verbergen, sollten Sie jeden Blumenkohl vor der Verwendung für mindestens 15 Minuten in Salz- oder Essigwasser legen.

Das Gemüse enthält neben Kalzium, Kalium, Spurenelementen und Vitaminen auch einen hohen Anteil an Glukosinolaten: Sie wirken vorbeugend gegen Krebs. Kurzes und schonendes Dünsten sind allerdings wichtig, denn beim Wässern und Kochen gehen viele wertvolle Vitamine verloren: 35 Prozent, wenn Sie den Kohlkopf im Ganzen garen, wenn Sie ihn in Röschen zerteilen, steigt der Verlust auf 70 Prozent. Blumenkohl ist leicht verdaulich, wirkt reinigend und entwässernd.

Übrigens: Das frische Blumenkohl-Grün ist wesentlich vitamin- und mineralstoffreicher als das weiße Gemüse. Sein Saft gilt in der Volksmedizin als Heilmittel gegen Heiserkeit und Husten.

Wolfgang Frenser | Lindenbrauerei (Unna)

Eintopf Winterfreuden

Rezept für 6–8 Personen

1 kg geräuchertes Kassler (ohne Knochen) oder 1,3 kg mit Knochen	waschen, mit
3/4 l kaltem Wasser	aufsetzen, aufkochen und ca. 1 Stunde köcheln lassen. In der Zwischenzeit
2 Stangen Porree	putzen und in grobe Ringe schneiden.
1 Knollensellerie und 5 Möhren	schälen und grob würfeln.
5 Knoblauchzehen (nach Geschmack)	in kleine Stücke hacken. Diese Gemüse nach 1 Stunde für ca. 30 Minuten mitköcheln lassen. In dieser Zeit
2 rote, 1 gelbe oder orange und 1 grüne Paprikaschote	putzen, waschen und würfeln.
1 große Dose weiße Bohnen, 1 kleine Dose rote Bohnen (Kidney-Bohnen) 1 kleine Dose Mais	in ein Sieb schütten und abtropfen lassen. Den Saft von
1 großen Dose Schältomaten	auffangen, die Stängelansätze entfernen und die Tomaten in kleine Stücke schneiden. Nach 1,5 Stunden Garzeit das Fleisch herausnehmen und warm stellen. Alle Gemüse zum Eintopf geben und weiterköcheln lassen. Das Kassler in mundgerechte Stücke schneiden (im Bedarfsfall das Fleisch vom Knochen lösen) und in den Topf zurückgeben.
125 g Haferflocken (Schmelzflocken!)	in ein Gefäß füllen, mit
1/2 l lauwarmem Wasser	aufgießen und mit einem Schneebesen gut durchrühren. Die aufgelösten Schmelzflocken mit dem Tomatensaft,
3 EL Gemüsebrühe und 2 EL Tomatenmark	verrühren und zum Eintopf geben und mit
Zucker, Salz, Pfeffer	pikant abschmecken. Alles unter vorsichtigem Rühren noch einmal aufkochen. Den Eintopf portionsweise anrichten und nach Belieben mit
gehackter glatter Petersilie	dekorieren. Dazu passt ein herzhaftes Bier.

TIPP

Wie bei jedem Eintopf gilt auch hier: Durchgezogen bzw. am zweiten Tag schmeckt er am besten.

Lindenbrauerei

Kohle, Stahl und Bier – in diesem Ruhrgebiets-Dreiklang hat die „Lindenbrauerei" seit 1859 ihren festen Platz. Gegründet von einem Bierbrauer und einem Schankwirt, setzte sich die kleine Brauerei schnell gegen elf Konkurrenten in Unna durch: Das obergärige Lindenbier hat im Revier einen guten Ruf. 1895 produzierte man bereits 65.000 Hektoliter des beliebten Gerstensaftes. Während des Zweiten Weltkrieges versorgte die Brauerei die Bevölkerung nicht nur mit Bier, sondern mit lebensnotwendigem Wasser aus der hauseigenen Brunnenanlage.

Nach der Fusion mit der Dortmunder Actienbrauerei Anfang der 70er Jahre kam schließlich 1979 das Aus für eine der traditionsreichsten Braustätten der Region. Erst die Wiedereröffnung als soziokulturelles Zentrum bewahrte die „Lindenbrauerei" vor dem Abriss. Heute stehen Schornstein, Sud- und Kesselhaus unter Denkmalschutz und der Gesamtkomplex ist ein Ankerpunkt der „Route der Industriekultur". Seit September 2002 kann man neben Livemusik, Kabarett und Disco auch wieder das traditionelle Lindenbier im „Schalander", dem ehemaligen Aufenthalts- und Verkostungsraum der Braugesellen, genießen: Jeden Montag ist Brautag.

Und noch eine einmalige Spezialität bietet die „Lindenbrauerei": Jeden ersten Sonntag im Monat können Sie sich von den stets neuen lukullischen Schweinereien des „Quartetts Curioso" überraschen lassen – mit von der Partie: Wolfgang Frenser!

Susanne Genselowski-Lülf (Recklinghausen)

Frühlingsfrischer Spargeltopf

500 g Spargel	sorgfältig schälen, die Enden entfernen und in kleine Stücke schneiden.
2 Möhren und 2 Stangen Porree	schälen, putzen und in schmale Streifen schneiden.
100 g Erbsen	enthülsen.
1/2 Weißkohl	achteln und in feine Streifen schneiden.
1 l Spargelfond	erhitzen und den Spargel darin andünsten. In einem zweiten Topf
125 g Butter	zerlassen und die Gemüse mit
etwas Kerbel	5 Minuten andünsten. Dann mit
100 ml Weißwein und 1 l Gemüsebrühe	ablöschen und ca. 10 Minuten weiter köcheln lassen. Dann den Spargel dazugeben und nach Geschmack mit Spargelfond angießen. Alles weitere 10 Minuten ziehen lassen. Den Spargeltopf in einem tiefen Teller anrichten und nach Belieben mit
glatter Petersilie	dekorieren. Dazu passen Baguette und ein leichter trockener Weißwein.

TIPP

Falls Sie den Spargelfond nicht kaufen, sondern selbst zubereiten wollen, sollten Sie Schalen und Spargelenden mit Wasser, Salz, dem Saft einer Zitrone und Zucker aufsetzen. Die Flüssigkeit so lange einkochen lassen, bis ein kräftiger Sud entstanden ist. Das kann, je nach Schalen- und Wassermenge, durchaus 5 Stunden dauern. Es empfiehlt sich deshalb, in der Spargelzeit eine größere Menge Fond herzustellen, den Sie dann bei Bedarf in allen Spargelgerichten einsetzen können..

PRODUKTINFO Spargel

Schon vor über 5.000 Jahren wurde in China Spargel gegessen, den Pharaonen legte man das edle Gemüse ins Grab und die Griechen nutzten ihn als Mittel gegen Übergewicht und Hautprobleme.

Der Anbau von Spargel erfordert Geduld: Nach drei Jahren kann der Landwirt die begehrten Stangen erstmals stechen. Die kurze Erntesaison geht traditionell von Mitte April bis Ende Juni.

Frischen Spargel erkennt man an der glänzenden Schale und dem weißen Kopf. Wenn man die Stangen aneinander reibt, sollten sie quietschen. Besonders zart und aromatisch ist das Gemüse unmittelbar nach der Ernte. Importierter Spargel schmeckt nicht selten bitter, sein Schadstoffgehalt ist oft erheblich.

Das Gemüse besteht zwar zu 95 Prozent aus Wasser, aber es enthält Kalzium, Eisen, Spurenelemente und viel Provitamin A. Es gilt als Schlankmacher und stärkt die Abwehrkräfte. Wer zu Nierensteinen oder Gicht neigt, sollte auf Spargelgenuss verzichten: 100 g Spargel enthalten 25 mg Harnsäure.

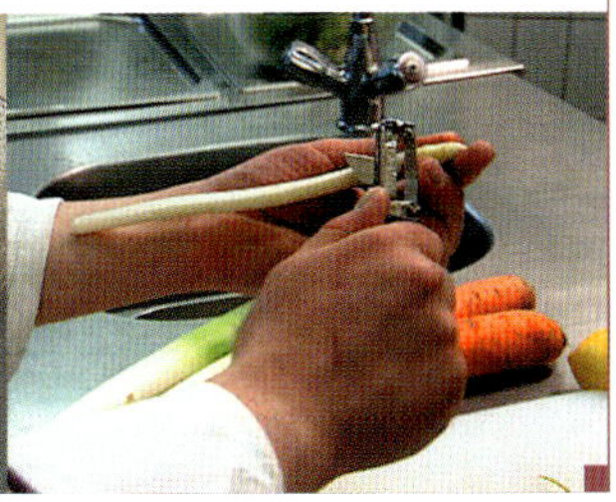

Susanne Genselowski-Lülf

„Die besten Köche sind Männer, aber das muss nicht so bleiben" – an diesem Satz arbeitet Susanne Genselowski-Lülf, seit sie sich entschieden hat, professionell in der Küche zu stehen. Innerhalb von sechs Jahren hat die engagierte Recklinghäuserin Restaurant-Fachfrau gelernt, ihren Abschluss als Köchin gemacht, dazu den Ausbilder-Schein. Auszeichnungen im Aral-Schlemmer-Atlas und im Marcellino bekam sie schon, kurz nachdem sie die Küche im „Florian" übernommen hatte – überraschend schnell für eine Newcomerin. Egal was sie anpackt – sie bringt vollen Einsatz. Ihre Auszubildenden waren immer auf den ersten Plätzen. Ihre Gäste rundherum zufrieden zu machen ist das wichtigste Ziel der Powerfrau.

Gekocht hat die 38-jährige Küchenchefin für uns in 137 Metern Höhe, in der rotierenden Küche des „Florian". Das drehende Restaurant beeindruckte bei der Eröffnung der Bundesgartenschau 1959 bereits Bundespräsident Theodor Heuss und nach ihm weit über 55 Millionen Gäste. Der Dortmunder Fernsehturm, der anlässlich der ersten BUGA als höchster Turm Deutschlands in Rekordzeit gebaut wurde, steht mitten im üppigen Blumenmeer des Westfalenparks. Bei Kaffee und Kuchen oder einem ausgezeichneten Menü bietet das Drehrestaurant auf 84 Plätzen ein einzigartiges faszinierendes Panoramabild der Stadt Dortmund und des umliegenden Ruhrgebiets.

Anna Goldmann und Natascha Monastyrskaja
(Dortmund)

Cheburekin – Russische Teigtaschen

1 Ei	in einer Rührschüssel aufschlagen.
1 Prise Salz	dazugeben und glatt schlagen. Dann
250 ml Buttermilch	und nach und nach
600 g Mehl	dazugeben. Sie können das Mehl zunächst mit einem Löffel unterrühren und später die Hände oder ein Handrührgerät benutzen. Der Teig sollte von so fester Konsistenz sein, dass er sich gut ausrollen lässt. Wenn der Teig gut durchgeknetet ist, mit einer Schüssel bedecken und ruhen lassen. In dieser Zeit können Sie die Füllung zubereiten. Dazu
1 kleine Zwiebel	in ganz feine Würfel schneiden und zu
500 g Gehacktem (halb und halb)	geben.
1 Knoblauchzehe	ebenfalls zerkleinern und unter das Fleisch mengen. Dann
Petersilie	schneiden und dazugeben. Mit
Salz und Pfeffer	würzen. Alles gut kneten und am besten etwas Wasser hinzugeben, denn das Fleisch soll im Teig schön saftig sein. Vom großen Teigklumpen jeweils etwa eine Hand voll abteilen und diese Menge ausrollen, bis dünne Fladen entstehen. Einen Dessertteller auflegen und einen Kreis ausschneiden. Einen Löffel Füllung auf den Teig legen und dann die Ränder mit
Eigelb	bestreichen und schnell zuklappen. Den Rand mit dem Daumen noch einmal gut zudrücken. Die Teigtaschen dann in einer Pfanne in
Bratfett oder Öl	goldbraun braten (nicht zu heiß, damit der Teig nicht verbrennt, bevor die Füllung gar ist). Serviert werden Cheburekin heiß aus der Pfanne, am besten mit etwas Salat der Saison.

TIPP

Die Füllung wird in Russland meist mit Lammhack gemacht. Sie können aber auch Schweine- und Rindergehacktes nehmen.

Anna Goldmann und Natascha Monastyrskaja

kommen aus Russland. Obwohl beide sich schon seit vielen Jahren in Dortmund zu Hause fühlen, sind sie ihrer Heimat – vor allem in der Küche – immer verbunden geblieben. Bei Anna und Natascha kommt das Essen frisch auf den Tisch. Da gibt es nichts aus der Tiefkühltruhe und keine Fertiggerichte. Auch wenn es Kinder und Enkelkinder manchmal nervt: Gekocht wird erst, wenn alle daheim sind. Und das bedeutet im Klartext: Auf das Essen muss manchmal länger gewartet werden. Diese Einstellung entspricht allerdings genau der einfachen und ländlichen russischen Küche.

>>

>>

Die Russen essen gern und viel. Bereits zum Frühstück gibt es den berühmten „Kascha", einen Brei aus Buchweizen, Hirse oder Grieß. Im Winter werden dazu Bratkartoffeln, Spiegeleier und Omeletts aufgetischt. Auftakt zum Mittagessen ist dann meist eine Suppe. Am bekanntesten ist wohl der „Borschtsch", eine Rote-Bete-Suppe mit Tomaten, Paprika und Kohl. Ähnlich wie die „Cheburekin" von Anna und Natascha sind auch „Bliny" eine Art Pfannkuchen, die man mit Kaviar oder süßer Marmelade serviert.

„Nur Engel haben keinen Hunger" heißt ein russisches Sprichwort. Es zeigt, wie tief die Gastfreundschaft in der russischen Seele verwurzelt ist. Niemals verlässt ein Besucher das Haus, ohne eine Kleinigkeit gegessen oder einen Schluck Wodka getrunken zu haben.

Wer Interesse an der russischen Küche hat, dem sei das „Russische Kochbuch" von Petra Knorr empfohlen. Es ist bei Komet erschienen und stellt auf 176 Seiten die Klassiker dieser Küche vor.

Hirschkalbssteak mit Schattenmorellen

800 g frische Kartoffeln	schälen und in feine Stifte reiben. Die Masse mit
1 Prise Salz, Pfeffer, Muskat	vermengen.
4 große Zwiebeln	schälen und fein hacken.
1200 g Kräuterseitlinge (oder Steinpilze)	waschen, putzen und je nach Größe halbieren.
Schnittlauch	in feine Röllchen schneiden.
250 g Hirschkalbssteak (aus der Keule)	
pro Person	gründlich klopfen, von beiden Seiten mit
Pfeffer	würzen und mit
einem Zweig Rosmarin	in die heiße Pfanne geben. Von beiden Seiten jeweils ca. 4–5 Minuten braten. Die fertigen Steaks warm stellen und nachgaren lassen. In der Zwischenzeit den Bratensatz mit
500 ml Wildfond	ablöschen.
500 ml Schattenmorellen (aus dem Glas)	abtropfen lassen, den Saft dabei auffangen. Kirschsaft und
8 cl Cassis	zur Sauce geben und den Sud etwas einkochen. Mit
gehacktem Rosmarin, Thymianblättchen	
Pfeffer, Salz	abschmecken und mit
8 EL Crème fraîche	verfeinern. Zum Schluss die Schattenmorellen unterrühren. Die fertige Sauce warm stellen. Zum Schluss parallel Pilze und Rösti garen. Für die Pilze
Butter	in einer Pfanne erhitzen, zunächst die Zwiebeln andünsten und die Seitlinge mit den Schnittlauchröllchen schmoren. Mit
Salz und Pfeffer	abschmecken.
Öl	für die Rösti in einer zweiten Pfanne erhitzen, die Kartoffelmasse löffelweise in die Pfanne geben und zu Kartoffelplätzchen formen. Die Steaks in Scheiben schneiden und auf der Schattenmorellen-Cassis-Sauce anrichten. Pilze und Rösti als Beilage reichen. Dazu passt ein kräftiger Rotwein.

TIPP

Das Fleisch nur pfeffern, nicht salzen, Geschmack und Würze bekommt es durch die Sauce. Falls Ihnen Hirschkalbssteaks zu teuer sind, können Sie mit den gleichen Beilagen auch Hirschgulasch verwenden.

Nicht weit von der Hattinger Innenstadt liegt an der Ruhraue das „Landhaus Grum". Einst diente das Gut von 1298 König Karl von Frankreich und dem Freiherrn vom Stein als Stammsitz. Seit 1996 steht das Ehepaar Grum für erstklassigen Service in stilvoll-rustikaler Atmosphäre. Die Speisekarte bietet neben regionaler Küche auch viele Gerichte für kalorienbewusste Esser. Der besondere Clou jedoch ist die Lage: 16.000 Quadratmeter direkt an der Ruhr. Ob Feierabendstimmung im Biergarten oder Strandkorbfeeling auf der „Sylter Düne": Hier findet jeder Gast seine Lieblingsecke.

Erworben haben Joachim und Eva Grum ihr „Traumhaus" als Ruine. Sie wollten ausgefallene Räume bieten – und mehr als ihren erfolgreichen Partyservice. Heute können auf dem historischen Landgut bis zu 600 Personen nach Herzenslust feiern.

Joachim Grum, der erste staatlich geprüfte Fleischtechniker Nordrhein-Westfalens, denkt auch an den fachlichen Nachwuchs. Sechs Auszubildende in Küche und Restaurant sollen lernen, wie die Arbeit in einem großen Betrieb läuft, und auch die Töchter packen in ihrer Freizeit selbstverständlich mit an: Das Erfolgsprojekt ist Familiensache.

Grünkernsuppe mit Gartenkräutern

100 g Grünkern	in einer Mühle mittelfein schroten.
100 g Sellerie, 1 Zwiebel, 2 Karotten	schälen und würfeln.
1 Stange Lauch	putzen und in feine Ringe schneiden.
2 EL Butter	in einem Topf erhitzen, die Zwiebelwürfel und den Grünkernschrot anbraten. Mit
1 1/4 l Gemüsebrühe	ablöschen, das klein gewürfelte Gemüse dazugeben, mit
Salz und Pfeffer	würzen und unter häufigem (!) Umrühren etwa 1 Stunde köcheln lassen.
1 Eigelb und 1/8 l Sahne	gut miteinander verrühren.Gartenkräuter fein hacken. Die Suppe von der Kochplatte nehmen und mit dem Sahne-Eigelb-Gemisch binden. Kurz ziehen lassen und noch einmal abschmecken. Etwa zwei Drittel der Gartenkräuter unter die Suppe heben. Die Grünkernsuppe in tiefen Tellern anrichten und mit den restlichen gehackten Kräutern dekorieren. Dazu passt Bauernbrot oder Landbrot.

TIPP

Statt Grünkern, der als Getreide am aromatischsten ist, können Sie auch Weizen, Dinkel – also ausgereiften Grünkern – oder Buchweizen verwenden.

Thomas Güthoff

Seit 20 Jahren beschäftigt sich Thomas Güthoff mit Naturkost, sieben davon ist der geborene Wittener zuständig für die Gastronomie im „Treffpunkt". Die Arbeit ist facettenreich: Eigentlich ist er Koch, Logistiker und Sozialarbeiter. Er denkt sich nicht nur täglich die Menüs für die Selbstbedienungstheke aus, seine Küche ist gleichzeitig eine Außenstelle der Behinderten-Werkstatt Christopherus-Haus. Und schließlich sorgt er für eine enge Kooperation mit den regionalen Bio-Produzenten.

Mit ihm für den WDR zu kochen ist immer spannend, denn er kann als Ökotrophologe jede Menge über die Zutaten erzählen. Eigentlich ist er auch ein bisschen vom (Fernseh-)Fach: Im Rahmen seiner Ausbildung hat er selbst an einem Film mitgearbeitet – das Thema natürlich ganz bio: „Vom Korn zum Brot"…

PRODUKT*INFO* Grünkern

Seine Entdeckung verdankt der Grünkern einem verregneten Sommer im 19. Jahrhundert. Da nämlich musste der Dinkel unreif geerntet werden, damit man ihn überhaupt verwerten konnte. Das Mehl der auf heißen Steinen gedörrten Körner war zwar ungeeignet als Backzutat, aber in Suppen fand der kräftig-würzige Geschmack schnell neue Liebhaber. In der Folgezeit baute man im Odenwald, wo sich die Geschichte abgespielt haben soll, bis heute weiter Dinkel an.

Grünkern wird gemahlen, geschrotet oder als Grieß im Handel angeboten. Er enthält viel Eisen, Phosphor und Vitamine, ist sehr bekömmlich und regt die Verdauung an.

Kürbis-Zucchini-Ragout mit Äpfeln

350 g Naturreis waschen, in einen Topf geben, mit Wasser bedecken und mit **Salz und körniger Brühe** ca. 1 Stunde köcheln lassen. Dabei entspricht die Wassermenge dem doppelten Gewicht des Reises. In der Zwischenzeit **1 Zwiebel** schälen und würfeln.

600 g Hokkaido-Kürbis waschen, Deckel und Boden abschneiden, halbieren, entkernen und würfeln.

2 Zucchini waschen, die Enden entfernen und würfeln.

3 Äpfel waschen, vierteln, das Kerngehäuse herausschneiden und ebenfalls würfeln.

1 Orange und **1 Zitrone** auspressen. Nachdem der Reis ca. eine halbe Stunde gegart hat, **1 EL Butter** erhitzen und nach und nach die Zwiebel, den Kürbis sowie die Zucchini untermischen und anschwitzen. Alles mit **1/8 l Gemüsebrühe und Orangensaft** ablöschen und mit **Pfeffer und Salz, 2–3 Lorbeerblättern, einer Prise Zucker und Zitronensaft** würzen. Etwa 15–20 Minuten köcheln lassen, dabei ab und zu umrühren. Danach die Äpfel dazugeben, 5 Minuten mitdünsten und abschmecken.

Den Naturreis mit dem Ragout auf einem Teller anrichten, nach Belieben etwas Salat beilegen und mit Petersilie dekorieren.

TIPP

Wenn Sie statt Naturreis geschälten Reis verwenden, verkürzt sich die Garzeit um ca. 40 Minuten.

TIPP

Als Kürbis-Sorte empfiehlt Thomas Güthoff den Hokkaido-Kürbis. Der kann wegen seiner weichen Schale komplett verwendet werden – dadurch bleiben alle Vitamine erhalten und Sie haben bei der Vorbereitung weniger Arbeit.

PRODUKTINFO Kürbis

Seit mindestens 10.000 Jahren wird der Kürbis kultiviert, ursprünglich von den Indianern im tropischen Amerika. Nach Europa gelangte die Frucht 1514 durch Kolumbus. Kürbisse können bis zu 75 kg schwer werden und sind damit die größten unter den Gartenfrüchten.

Es gibt unzählige Arten, ein reifer Kürbis klingt immer hohl und die Schale ist in aller Regel ungenießbar. Ausnahme: der Hokkaido-Kürbis – die japanische Variante. Sein orangefarbenes, vitaminreiches, nussiges Fruchtfleisch eignet sich besonders gut für unser Rezept.

Kürbisse kann man bis zu sechs Monaten lagern. Sie werden sehr vielseitig verarbeitet – ob als Gemüse, Chutney oder Marmelade, am liebsten in süß-sauren Varianten. Wie bei der Zucchini gelten Kürbisblüten frittiert oder gefüllt als Delikatesse. Das Gemüse entpuppt sich als ein wahres Wundermittel: Es enthält Kalzium, Eiweiß, Spurenelemente und Vitamine. Dabei ist es kalorienarm, leicht verdaulich, entgiftend und harntreibend. Und: Es soll sogar lebensverlängernd wirken …

Mario Kalweit | La cuisine d'art manger (Dortmund)

Eintopf von Atlantikfischen

100 g Sellerie, 100 g Frühlingslauch (oder Porree), 100 g Möhren, 2–3 Schalotten	putzen und in kleine Würfel schneiden.
50 g Zander, 50 g Lachs, 50 g Stör 50 g Seeteufel	– falls nötig – häuten und in Würfel schneiden.
3 Gambas	ausbrechen, würfeln und auf einem Teller kalt stellen.
200 g kalte Butter	würfeln und ebenfalls kalt stellen. Das Gemüse in
10 ml Olivenöl	andünsten und unter Rühren ca. 5 Minuten garen. Dann mit
500 ml Fischfond, 100 ml Weißwein, 2 cl Noilly Prat, 2 cl Pernod	auffüllen und etwas köcheln lassen, damit der Alkohol verkocht. Mit
Salz und Safran	abschmecken und die kalte gewürfelte Butter unter ständigem Rühren dazugeben, bis sie mit der Suppe bindet. Den gewürfelten und gesalzenen Fisch in die heiße Suppe geben und gar ziehen lassen. Dabei sollte die Suppe nicht mehr kochen.

Die Suppeneinlage in – am besten vorgewärmten – tiefen Tellern anrichten. Zum Schluss den Butterfond mit einem Stabmixer oder Schneebesen schön schaumig schlagen und zu Gemüse und Fisch geben.
Dazu passt Baguette und ein leichter trockener Weißwein.

TIPP

Statt der von Mario Kalweit verwendeten Fische können Sie alle Fische Ihrer Wahl nehmen, sowohl Süß- als auch Salzwasserfisch. Auch eine einzelne Fischsorte ist selbstverständlich möglich, sie sollte allerdings einigermaßen festes Fleisch haben, damit der Fisch in der Suppe beim Garen nicht zerfällt.

PRODUKT*INFO* Fisch

Fisch erfreut sich wachsender Beliebtheit, denn immer mehr Menschen wissen, dass er für eine gesunde Ernährung unverzichtbar ist. Er besteht bis zu 20 Prozent aus hochwertigem Eiweiß, enthält alle wichtigen Vitamine und zahlreiche Mineralstoffe. Er ist leicht verdaulich und kalorienarm. Regelmäßiger Fischkonsum senkt das Herzinfarktrisiko und sichert die Jodversorgung.

Da Fisch rasch verdirbt, muss er möglichst frisch sein. Dann riecht er angenehm nach Algen, hat eine metallisch glänzende Haut und klare Augen. Fischfilets sollten glasig schimmerndes Fleisch haben. Wenn Sie ganz sicher gehen wollen, fragen Sie Ihren Händler, ob man den Fisch auch roh essen kann. Damit für eine durchgehende Kühlung gesorgt ist, sollten Sie im Sommer für den Transport vom Fischhändler nach Hause am besten eine Kühltasche mitnehmen. Wenn Sie Fisch nicht sofort verarbeiten können, bewahren Sie ihn am besten in einem zugedeckten Porzellanteller auf.

Fisch darf nicht zu lange und zu heiß gegart werden, dann wird er trocken und verliert an Aroma.

Mario Kalweit

Lecker essen – das ist Mario Kalweit in die Wiege gelegt. Seine Mutter, sagt er, kocht wunderbar und bei seinem Onkel hat er schon mit acht Jahren am liebsten in der Hotelküche gestanden. Kein Wunder also, dass auch er Koch geworden ist. Immer neue Ideen müssen bei ihm auf den Tisch, ihn reizt alles zwischen französischer, italienischer und westfälisch-regionaler Küche.

Schon während der Ausbildung haben ihn die Geschichten seines Küchenchefs vom exzellenten Essen in Sterne-Restaurants fasziniert – nach zwei Jahren im eigenen Haus, dem „Art Manger" in Dortmund, hatte er selbst den ersten Stern, dazu eine Varta-mütze, 3 Bestecke des Aral-Schlemmer-Atlas, 15 Punkte im Gault Millau. Kurzum: Mario Kalweit hat es geschafft.

Der 36-Jährige gehört heute zu den kreativsten Köchen der Region und zu den 200 besten Deutschlands. Seit einem Jahr schwingt er live jeden Dienstag im WDR-Magazin „Daheim und unterwegs" den Koch-löffel: Von Zuschauern und Redaktion wird er als Quotenkönig gefeiert. So eingespannt, kommt der Sternekoch nur selten zum Angeln am heimischen Teich, obwohl Fisch zu seinen großen Favoriten gehört. Am allerliebsten allerdings isst der gebürtige Rheinländer Pommes.

Mario Kalweit |
„La cuisine d'art manger" (Dortmund)

Lichtdurchflutet und zartfarbig empfängt das „Art Manger" seine Gäste. Die stilvolle Villa hat Tradition: 1898 gebaut, war sie Jahrzehnte das Clubhaus des renommiertesten Dortmunder Tennisclubs. Große Turniere wurden in den 30er und 40er Jahren von der Terrasse aus verfolgt – heute bietet Restaurantchefin Susanne Thoenes zwischen Olivenbäumen und duftenden Kräuterbüschen mediterranes Urlaubsfeeling. Wer hier speist, soll die Hektik des Alltags vergessen – ob beim kurzen Mittagstisch oder dem ausgedehnten Abendmenü. Die Bandbreite seiner Kunst beweist Küchenchef Mario Kalweit bei den eher deftigen Hauptgerichten für den schnellen Lunch genauso wie beim handwerklich anspruchsvollen Luxusprogramm. Ob Hummer, Gänsestopfleber, Langostinos oder Trüffel – die ungewöhnlichen Kombinationen machen den speziellen Reiz der kreativen Sterneküche aus.

Für einen stilvollen Abend zu Hause bietet das angesagte Restaurant in der Dortmunder Gartenstadt selbstverständlich auch einen „Take away"-Service an. Seine Tricks verrät Mario Kalweit übrigens gern: Die Kochkurse des „Art Manger" sind deshalb genau das Richtige für neugierige HobbyköchInnen.

Pochiertes Kalbsfilet mit Kartoffel-Endivienpüree und Portweinjus

	Für das Filet zunächst
etwas Rosmarin und etwas Thymian	grob hacken und mit
500 ml Rinderbrühe, 20 ml Sojasauce, 20 ml Balsamicoessig	einmal kurz aufkochen.
4 Kalbsfilets à 180 g	mit einem Faden umwickeln, damit sie besser die Form behalten, in den Fond legen und leicht unter dem Siedepunkt 10–12 Minuten pochieren. Dann aus dem Fond nehmen, mit
Pfeffer und Salz	würzen, mit
Butterflöckchen	bestreichen und in Alufolie gewickelt ruhen lassen. So bleibt das Fleisch beim Aufschneiden schön saftig und blutet nicht aus.
	Für das Püree
500 g Kartoffeln	in Salzwasser gar kochen und die Schale entfernen.
200 ml Milch	mit
20 ml Olivenöl und 20 g Butter	aufkochen, mit
Salz, Pfeffer, Muskat	abschmecken und die heißen Kartoffeln mit einem Stampfer zu feinem Brei verarbeiten.
100 g Endiviensalat	waschen, in Streifen schneiden.
1 Bund Schnittlauch	in feine Röllchen schneiden und unter die Kartoffelmasse geben.
	In der Zwischenzeit
500 ml Kalbsfond und 50 ml Portwein	auf 200 ml einkochen und mit
Salz und Pfeffer	abschmecken.
	Die Filets aus der Alufolie nehmen, den Faden entfernen, das Fleisch in Scheiben schneiden und sofort mit Püree und Jus servieren.

Fischfilet auf Safran-Kartoffelpüree mit Tomaten-Kräuter-Vinaigrette

500 g Kartoffeln	schälen und vierteln, in Salzwasser mit
Safran oder Kurkuma und etwas Zucker	weich kochen lassen.
	In der Zwischenzeit
8 Tomaten	über Kreuz einschneiden und blanchieren, bis sich die Haut leicht löst. Die abgezogenen Tomaten vierteln und das Fruchtfleisch entfernen. Dann die Tomatenviertel in Würfel schneiden.
Dill, Schnittlauch, Petersilie	waschen und fein hacken.
100 g Oliven	entkernen und ebenfalls fein hacken.
1–3 Knoblauchzehen	schälen, in feine Scheiben schneiden und mit
Salz	zu einer sämigen Paste verreiben.
4 Stücke Fischfilet à 200 g	mit
Salz, Pfeffer, Zitronensaft	würzen.
Olivenöl	in einer Pfanne erhitzen und den Fisch darin von beiden Seiten braun anbraten. Die gewürfelten Tomaten mit den Kräutern in Olivenöl mit Salz und Knoblauch kurz erhitzen und zur Seite stellen.
	Die gekochten Kartoffeln mit
Butter und Milch	zu Püree verarbeiten. Das Püree sofort mit den Filetstücken auf dem Teller anrichten und mit den gehackten Oliven und der warmen Vinaigrette dekorieren. Dazu passt ein trockener Weißwein.

TIPP

Das Fischfilet sollte festes Fleisch haben. Horst Koch hat Zander ausgewählt, Sie können aber auch Kabeljau oder Lachs verwenden.

Horst Koch ist Event-Manager

und hat den Speiseplan für 8.500 Studenten täglich genauso im Blick wie ein edles Büffet für einen Professorengeburtstag.

Nach seiner Ausbildung und Jahren der gastronomischen Wanderschaft in Süddeutschland und Frankreich ist er für die Verpflegung beim Studentenwerk Dortmund zuständig. Kreativer Umgang mit Lebensmitteln – das ist für ihn auch nach 17 Jahren im Geschäft das Entscheidende. Sein Konzept funktioniert nicht nur in der Uni. Ob Hochzeiten oder Staatsbesuche – Horst Koch und sein Team planen, kochen und dekorieren: „Bei mir muss der Gast nur gute Laune mitbringen und feiern", sagt er und ist mittlerweile eine echte Konkurrenz am Markt. Weil Freude am Essen verbindet, bietet er regelmäßig Koch- und Weinkurse an. Und: Er fördert den Nachwuchs. Als Ausbildungsleiter betreut er sieben angehende Köche und Fachleute für Systemgastronomie in seinem Unternehmen.

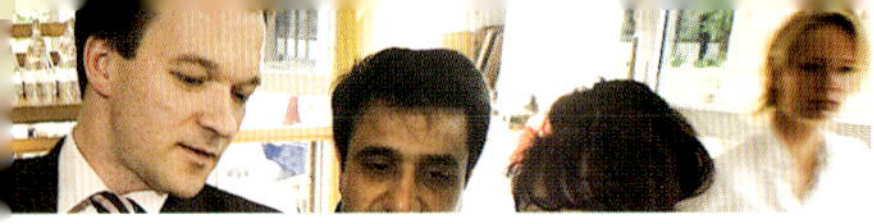

Gemüse-Paprika-Topf

200 g weiße Bohnen	am Vorabend waschen und über Nacht in kaltem Wasser einweichen.
300 g Lauch und 1 Bund Suppengrün	putzen, waschen und in grobe Stücke schneiden.
1 Knoblauchzehe	schälen und fein zerdrücken.
1,5 l Fleischbrühe	mit den abgegossenen Bohnen, Lauch, Suppengrün
400 g dicker Rippe, Lorbeerblatt, Majoran, Salz, Pfeffer	in einem großen Topf aufsetzen und bei niedriger Hitze etwa 1,5 Stunden kochen lassen. In der Zwischenzeit
200 g durchwachsenen Speck und 1 Gemüsezwiebel	würfeln.
4–5 Kartoffeln	schälen, waschen und würfeln.
3 Gemüsepaprika (rot, gelb, grün)	waschen, halbieren und in grobe Stücke schneiden. Eine Pfanne mit
Schweineschmalz	erhitzen, den Speck anbraten, Zwiebeln und Paprikastücke dazugeben und glasig werden lassen. Etwa 20 Minuten vor Ende der Kochzeit das Fleisch aus dem Topf nehmen und auskühlen lassen. Den Inhalt der Pfanne und die Kartoffelwürfel in den Topf geben und die restliche Zeit mitkochen lassen. Zum Schluss das Fleisch in Würfel schneiden, in den Eintopf geben, alles noch einmal kurz durchkochen und abschmecken. In einem Suppenteller anrichten und mit
Porree- und Möhrenscheiben	sowie
Schnittlauch	dekorieren.

TIPP

Statt Paprika können Sie auch – gerade im Winter – Blumenkohl, Wirsing oder andere Kohlsorten verwenden.

PRODUKTINFO Paprika

Eigentlich wollte Columbus den Seeweg zu den Gewürzinseln finden, denn Pfeffer war überaus begehrt. Als er 1514 zurückkehrte, hatte er die Paprikaschote im Gepäck. Sie kam als „Spanischer Pfeffer“ in den Handel, hat aber mit dem Gewürz nur die Schärfe gemeinsam. In Deutschland wurden Gemüse und Gewürz erst nach 1945 entdeckt.

Von den vielen Sorten sind rote und gelbe Paprika am bekömmlichsten, sie besitzen den höchsten Vitamin-C-Gehalt aller bei uns gehandelten Gemüse und enthalten dreimal so viel Karotin wie Karotten!

Ob als Salat oder Gemüse, in jedem Fall sollten Sie die Samenkerne und die inneren Scheidewände der Schoten sorgfältig entfernen. Paprikaschoten gehören regelmäßig auf jeden Speisezettel: Sie stärken das Immunsystem, regulieren den Blutdruck, wirken desinfizierend und krebsvorbeugend. Paprika-Extrakt hilft bei Gelenkschmerzen und Hautkrankheiten.

Wirsingtomaten mit Lamm und Kartoffelgratin

1 1/2–2 kg Kartoffeln schälen und in feine Scheiben schneiden.
2 Gemüsezwiebeln schälen und zur Hälfte würfeln. Die Kartoffelscheiben ziegelartig in eine Auflaufform legen, Zwiebelwürfel darüber geben und mit
Meersalz, Kräutersalz, buntem Pfeffer, Muskat würzen. Mit
etwa 250 ml Sahne übergießen und bei 200 °C für eine Stunde im Backofen garen. Die Blätter von
1 Wirsing (ca. 500 g) ablösen, die Strünke entfernen und die zarten Gemüseteile in feine Streifen schneiden. Auch die restlichen Zwiebeln in Streifen schneiden.
3 Knoblauchzehen schälen und fein hacken. Alles aufeinander schichten und mit
Salz, Pfeffer, Kümmel würzen. Von
4 Tomaten den Boden dick abschneiden und die Schale an einem Stück in Streifen abschälen. Diesen Kringel von außen nach innen eng zusammendrehen, sodass eine Rose entsteht. Die dient später als Dekoration.
Wenn das Kartoffelgratin fast gar ist,
Olivenöl erhitzen und den Wirsing darin andünsten, nach kurzer Zeit mit
etwa 250 ml Sahne ablöschen, die Tomaten dazugeben und noch ein paar Minuten köcheln lassen.
In einer zweiten Pfanne
Sonnenblumenöl erhitzen und
12 Lammkoteletts darin anbraten, würzen und nach dem ersten Wenden
12 Scheiben durchwachsenen Speck dazugeben.
Das Wirsingtomatengemüse, jeweils 3 Lammkoteletts und 3 Speckscheiben pro Teller mit dem Kartoffelgratin anrichten.

TIPP

Für das Timing ist es wichtig, das Kartoffelgratin als erstes vorzubereiten – während der Stunde Garzeit ist alles andere spielend zu schaffen.

TIPP

Falls Sie keine Schneidemaschine zu Hause haben, lassen Sie sich den Speck besser beim Metzger in Scheiben schneiden. Sie können ihn aber auch – nach klassischer Art – würfeln und im Wirsinggemüse mitkochen.

Mit dem Namen musste er einfach Koch werden, witzelt Oliver Koch und blickt hoffnungsfroh in die Zukunft – denn vor einem Jahr hat der 31-Jährige sich auf dem „Schultenhof" in Dortmund selbstständig gemacht. 1313 wurde der Hof das erste Mal urkundlich erwähnt, knapp 700 Jahre später ist er nicht nur Restaurant und Landcafé, sondern Öko-Bauernhof und Modellprojekt für Menschen mit Behinderung. Vom alten Fachwerk unter Bäumen geht der Blick über Felder zum wichtigsten Blickfang der Dortmunder Skyline: dem Westfalenstadion.

Wer hier Rast macht, hat die Qual der Wahl: Abenteuerspielplatz und Streichelzoo für die Kleinen, Fachsimpeln in den Bioland-Gewächshäusern oder ein Ausflug in die Stallungen – überall treffen die Besucher auf freundliche Mitarbeiter. 22 Menschen mit geistiger und körperlicher Behinderung arbeiten zurzeit auf dem Schultenhof – Tendenz steigend. Fleisch, Obst, Gemüse – alle Produkte werden im Hofladen direkt vermarktet.

Das von der AWO betriebene Projekt kann stolz sein: Der Kanzler war da und es ist feste Station bei der Dortmunder Stadtrundfahrt. Ob Einkauf, freier Nachmittag oder Hoffest: Mitten in der Großstadt ist ein Besuch auf dem Schultenhof immer wie ein Ausflug aufs Land.

Oliver Koch

Michael Kruszinski | Hausbrauerei Boente
(Recklinghausen)

Pfannkuchen mit Eis und Erdbeersauce

500 g Erdbeeren	waschen und einige schöne Früchte zum Garnieren zurückbehalten. Den Rest pürieren und durch ein Sieb streichen.
1/8 l Orangensaft	mit
100 g Zucker	aufkochen und kalt werden lassen. Erdbeerpüree und Saft verrühren, dann in den Kühlschrank stellen. Aus
100 g Mehl, einer Prise Salz	
ca. 1 EL Honig, 0,2 l hellem Bier, 2 Eiern	einen Teig herstellen und in
etwas Butter	dünne Pfannkuchen (Crêpes) backen.
1/8 l Sahne	mit
Vanillezucker	steif schlagen. Die Pfannkuchen rollen,
Vanilleeis	und Sahne dazugeben, die Sauce darüber gießen und mit den restlichen Erdbeeren garnieren. Den Teller mit Puderzucker bestreuen.

Michael Kruszinski

Kein Tag ist in einem Restaurant wie der andere – und genau das ist für Küchenchef Michael Kruszinski das Schöne an seinem Beruf. Auch die unregelmäßigen Arbeitszeiten, die Wochenend- und Spätschichten stören ihn nicht wirklich. Im Gegenteil: Er nutzt die freie Zeit unter der Woche für sein liebstes Hobby: den Modelbau von Schiffen und Flugzeugen. Das eher ruhige Hobby, die stillen Stunden im Bastelkeller sind für ihn – neben dem Sport – idealer Ausgleich zum hektischen Alltag in einer Restaurantküche. Nur wenige, so Michael Kruszinski, könnten sich nämlich vorstellen, wie hart die Arbeit dort ist. Stundenlang sind die Köche ohne Pause auf den Beinen. Jedes Essen muss punktgenau auf den Tisch. Wenn alle Plätze im Biergarten und Restaurant besetzt sind, können bei Boente 400 Gäste bewirtet werden. Das ist Hochleistungssport am Herd, vor allem im Sommer, wenn die Temperaturen in der Küche förmlich explodieren. Viele Jungköche sind dem nicht gewachsen und geben den Beruf wieder auf.

Für Michael Kruszinski bleibt er allerdings ein Traumjob, besonders dann, wenn er sich seinem Spezialgebiet widmen kann: den leckeren Soßen. Die werden bei Boente natürlich gern mit dem selbst gebrauten Bier zubereitet und machen auch aus einfachen Gerichten kulinarische Highlights.

PRODUKT*INFO* Crêpes

Feine, goldgelb gebackene Pfannkuchen gehören für viele Menschen wohl zu den schönsten Kindheitserinnerungen und ganz frisch aus der Pfanne schmeckten die dünnen Teigfladen am allerbesten. „Pfannekuchen", wie sie im Ruhrgebiet noch heute umgangssprachlich heißen, kennt man auch in vielen nordischen Ländern und natürlich in Frankreich als Crêpes.

Pfannkuchen und Crêpes unterscheiden sich vor allem durch die Dicke des gebackenen Fladens. Die Crêpes sollten hauchdünn sein, die Eierkuchen dürfen gern auch etwas mehr Volumen besitzen.

Beide können sowohl süß als auch herzhaft zubereitet werden. Bei den Füllungen sind der Fantasie des Kochs eigentlich keine Grenzen gesetzt, was ja auch Michael Kruszinski beweist, indem er seine Crêpes mit Erdbeeren und Vanilleeis serviert. Äpfel, Blaubeeren, Speck, Krabben oder Pilze schmecken aber ebenfalls.

Pfannkuchen und Crêpes werden möglichst in einer beschichteten Pfanne mit etwas Butterschmalz gebacken. Beim Wenden dürfen ruhig ein Pfannenheber oder ein Deckel benutzt werden. Denn: Elegante Würfe des Pfannkuchens in die Luft inklusive Wendung gehen auch bei den Profis öfter mal daneben.

Michael Kruszinski | Hausbrauerei Boente
(Recklinghausen)

Pfifferlinge in Biersauce mit Rösti

8–10 Kartoffeln	am Vortag waschen, halb gar kochen, pellen und abkühlen lassen.
1 kg Pfifferlinge	waschen.
3 Schalotten	fein hacken. Die Hälfte dieser Schalotten und
50 g gewürfelten Speck	in
etwas Butter	anbraten. Mit
0, 1 l dunklem Bier	ablöschen und 10 Minuten köcheln lassen. Dann
0,25 l braune Soße	und
2 klein geschnittene Frühlingszwiebeln	dazugeben. Mit
Salz und Pfeffer	abschmecken.
	Die gepellten Kartoffeln auf einer Reibe raspeln und mit den übrig gebliebenen Schalotten in
Butter	zu einem Rösti braten.
100 g Möhren	schälen und in Scheiben schneiden.
100 g Zuckerschoten	waschen und putzen.
Butter	in einer Pfanne erhitzen und die Schoten und Möhren zusammen mit
1 zerdrückten Knoblauchzehe	bei schwacher Hitze 1 Minute anbraten.
1 EL Limettensaft	und
1/2 TL Zucker	hineingeben. Alles zusammen 3–4 Minuten bissfest dünsten. Auf einem Teller portionsweise anrichten. Mit Petersilie und Schnittlauch dekorieren.

„Boente" ist nicht nur ein einfaches Restaurant. Das Wort Erlebnisgastronomie wird hier groß geschrieben. Nach dem Motto „Dabei sein, wenn Genuss entsteht" kann der Besucher in der hauseigenen Brauerei miterleben, wie das besondere Boente-Bier in den großen Kupferkesseln entsteht. Nach überlieferten Rezepturen und natürlich nach dem deutschen Reinheitsgebot gebraut, gibt es Biere ganz unterschiedlichen Geschmacks: vom hefetrüben, untergärigen Vollbier bis zum dunklen, obergärigen Gerstensaft mit stolzen 5,2 % Alkohol.

Dort, wo vor 150 Jahren im Herzen von Recklinghausen eine kleine Kornbrennerei Hochprozentiges kredenzte, dort ist heute ein Treffpunkt für Jung und Alt. Der Biergarten im Sommer und der Jazz-Frühschoppen am Sonntag sind längst über die Grenzen Recklinghausens ein Begriff. Und wer das Boente-Bier nicht nur trinken, sondern auch mal „essen" möchte: Küchenchef Michael Kruszinski ist ein echter Spezialist für Rezepte mit und aus dem leckeren Gerstensaft.

Hausbrauerei Boente

Sommersalat mit Gambas und Parmesanschaum

4 Gambas pro Person	schälen und den Darm herausnehmen. Mit
fein gehacktem Knoblauch,	
Salz und Pfeffer	würzen und einige Stunden kalt stellen.
	Für den Parmesanschaum
3 Blatt Gelatine	in Eiswasser aufweichen und zusammen mit
200 ml Milch, 100 ml süße Sahne	
600 g geriebenem Parmesankäse	erwärmen, bis der Käse sich auflöst. Die Mischung mit
Salz und Tabasco	abschmecken und in eine Druckflasche für Schlagsahne füllen, Patronen einsetzen und kalt stellen.
	Für das Dressing den
Saft von einer Zitrone	in eine Schüssel geben.
125 ml Olivenöl	unterrühren und alles mit
Tabasco, 1/2 EL Senf, Salz, Pfeffer	würzen.
Verschiedene Blattsalate	säubern und klein rupfen. Nach Belieben
1 Zwiebel	schälen und fein hacken. In einer großen Schüssel im Dressing marinieren. Die Gambas in einer großen Pfanne in erhitztem
Öl	braten. Dann die marinierten Blattsalate portionsweise in der Mitte der Teller anrichten, nach Belieben die fein gehackten Zwiebeln hinzufügen, die Gambas sternförmig anordnen und mit Parmesanschaum garnieren.

TIPP

Beim Dressing ist es wichtig, immer Öl in die Säure zu geben und nicht umgekehrt, sonst erhalten Sie keine schöne Emulsion.

PRODUKT*INFO* Gambas

Gambas oder Garnelen haben wohlschmeckendes mildes Fleisch. Den besten Geschmack haben Garnelen aus kalten Gewässern, denn sie wachsen langsamer heran. Die Krustentiere sind äußerst vielseitig zu verwenden, sind aber besonders beliebt für Vorspeisen und Salate. Da sie leicht verderben, sollten sie möglichst rasch verarbeitet werden.

Franz L. Lauters Tipp: Verwenden Sie tiefgekühlte Gambas, dann haben Sie die Frischegarantie. Außerdem ist für ungetrübten Genuss wichtig: Vor dem Braten sollte man die Tiere auf der Rückenseite aufschlitzen und die feinen Därme entfernen – sie sorgen sonst für einen muffigen Geschmack und im schlechtesten Fall für eine Magenverstimmung.

Alles, was er tut, geschieht aus Leidenschaft: das Kochen wie das Malen. Franz L. Lauter hat für seine Kreationen bereits alle wichtigen Auszeichnungen erkocht, sein Restaurant gehört zu den 220 besten der Welt. Eine seiner Spezialitäten: schwebend leichter Basilikum- oder Parmesanschaum, dazu Krebse oder Gambas. Seine Tricks verrät er gern: Die Kochkurse des Franz L. Lauter sind schon lang gesellschaftliche Ereignisse.

Auch das Ambiente ist edel: Schloss Schwansbell ist ein Adelssitz von 1872. Der englische Garten lädt zum Flanieren ein und für den Imbiss im Freien hält das Team eine Bistrokarte bereit. Drinnen kann man beim Schlemmen die farbenfrohen Bilder des Spitzenkochs bewundern – und später kaufen ...

Im Wirtschaftsgebäude des Schlosses ist das Museum der Stadt Lünen untergebracht. Es zeigt in fünf Räumen das Alltagsleben der Region zwischen 1840 und 1930.

Franz L. Lauter

Salat mit gebratenem Fisch

Verschiedene Salate,	z.B. Lollo Rosso, Eisberg, Kopfsalat (je 1 Kopf) waschen und in mundgerechte Stücke zupfen (nicht schneiden). Dann die Vinaigrette zubereiten: Dabei zuerst
100 ml Balsamico-Essig	mit
Salz, Pfeffer, Knoblauch	
3 EL Ahornsirup oder Waldhonig	würzen und verrühren.
300–400 ml Olivenöl	hinzugeben und mit dem Zauberstab emulgieren.
200 g Sonnenblumenkerne	in der Pfanne ohne Öl goldgelb rösten und dann heiß zu der Vinaigrette geben. Den Salat mit
1 gewürfelten Paprikaschote	
1 roter Beete, 1 Schälchen Kresse	
evtl. etwas blanchiertem Spargel	
Johannisbeeren	verfeinern.
Fischfilet, z.B. Seelachs, Seeteufel oder Zander (150 g pro Person)	abwaschen, abtrocknen, mit
Salz und Pfeffer	würzen. In
Mehl	wälzen und gut abklopfen.
Olivenöl	in der Pfanne erhitzen und
Butter	hinzufügen (schäumen). Fischfilet hineinlegen, kurz anbraten, Hitze reduzieren, wenden – mit der anderen Seite genauso verfahren. Mit dem
Saft einer Limette	ablöschen. Auf den Punkt garen und heiß zum Salat servieren.

PRODUKT*INFO* Ahornsirup

Ein schlichter Sommersalat lässt sich durch ein raffiniertes Dressing mit Ahornsirup aufpeppen. Der Sirup wird vom eingedickten Saft der Ahornbäume gewonnen. Schon die Indianer beherrschten diese Kunst. Heute wird 90 Prozent der Welternte in Kanada erzeugt.

Für die Ernte werden die 30 bis 40 Jahre alten Ahornbäume zwischen Ende Februar und Anfang April „angezapft". Dazu bohrt man ein kleines Loch in den Baum und fängt den Saft in Eimern auf. Auf den großen Plantagen Kanadas sind die Bäume durch kilometerlange Leitungssysteme direkt mit den Fabriken verbunden.

Je früher geerntet wird, desto heller ist die Farbe des Sirups und desto besser ist sein Geschmack. Der Saft aus den Bäumen wird bis zu 50 Mal gekocht. Für einen Liter Ahornsirup benötigt man die 50fache Menge an Saft.

Ahornsirup ist in verschiedenen Kategorien erhältlich: A ist gleichbedeutend mit heller Farbe und mildem Geschmack, D schmeckt dagegen ausgesprochen kräftig. Der süße Sirup enthält zahlreiche Mineralstoffe.

„**Gegessen wird,** was auf den Tisch kommt“, sagt Jan Möllmann und grinst dabei so, wie er es oft tut: verschmitzt. Irgendwie denkt man unwillkürlich: Das meint der doch nicht wirklich so, aber doch: Es stimmt. Bei Jan Möllmann werden dem Gast die Entscheidungen abgenommen. Hier hat niemand die Qual der Wahl. Es gibt keine Speisekarte, sondern ein Überraschungsmenü, dazu feinste Tropfen aus edlen Weinflaschen.

Erst mit 25 Jahren hat Jan Möllmann seine Liebe für die Kochkunst entdeckt und ging bei Franz Lauter in Lünen in die Lehre. Vorher war der leidenschaftliche Jazz-Musiker als Pianist mit einer Band unterwegs (Jan Möllmann ist deshalb auch der Einzige, der die Musik zu den Ruhrpott-Fersehkochtipps selbst aussuchen darf!). Ein Künstler ist er bis heute geblieben – nur eben am Herd. „Meine Gäste sollen erfahren, dass es viele Dinge auch in richtig lecker gibt“, meint Jan Möllmann selbstbewusst – und kocht die Menüs in der winzigen Küche selbst.

>>

Jan Möllmann

Rinderfilet in Kräuterkruste mit Kartoffelgratin

6 Kartoffeln	schälen und in hauchdünne Scheiben schneiden. Eine feuerfeste Form damit auslegen. Für die Soße
etwas Salz, Pfeffer aus der Mühle Muskat 1 klein gehackte Knoblauchzehe 500 ml Sahne	in eine Schale geben und mit einem Schneebesen verrühren. Dann die Soße über die Kartoffeln geben – die Kartoffeln müssen vollständig bedeckt sein – und bei 180 °C für etwa 25 Minuten in den Ofen stellen.
1 Bund Petersilie	klein hacken.
1 Bund Basilikum	klein schneiden, damit die ätherischen Öle nicht verloren gehen. Dann
1 Knoblauchzehe	klein schneiden und zu den Kräutern in eine Schüssel geben.
1–2 Eigelb, 150 ml Sahne Salz, Pfeffer, 50–100 g Paniermehl	dazugeben und gut vermengen. Etwas stehen lassen, damit das Paniermehl „quellen“ kann. Das Ganze muss eine streichfähige Paste ergeben.
Rinderfilet in dicken Scheiben (pro Person 180–200 g)	von beiden Seiten mit
Salz und Pfeffer	würzen. Eine Pfanne zunächst gut erhitzen. Dann
Olivenöl	hineingeben und das Fleisch kurz von allen Seiten anbraten. Die Pfanne vom Herd nehmen und das Fleisch gleichmäßig mit der Kräuterpaste bestreichen. Dann für 15 Minuten bei etwa 200 °C in den Backofen stellen.

>>

Ausgerechnet dort, wo das Stammpublikum von Frikadelle und Currywurst zu Hause ist, wo sonntags der Schweinebraten auf den Tisch kommt und die Sportschau zum Pflichtprogramm gehört, genau dort hat Jan Möllmann sein Edel-Restaurant angesiedelt. Na gut, auf den ersten Blick ist das nicht unbedingt zu erkennen. Die Siedlerklause in Dortmund-Brechten ist äußerlich das geblieben, was sie früher war: eine typische Vorort-Kneipe im Ruhrgebiet.

Hat sich mal kein Gast angesagt (Voranmeldungen sind unbedingt notwendig!), dann macht Jan Möllmann den Laden einfach dicht, fährt nach Hause und zaubert dort noch ein leckeres Häppchen. Ein schöner „Traubensaft“ wird dazu natürlich auch entkorkt, denn Jan Möllmann hat noch eine feste Maxime: Das beste Essen kann durch zu wenig Wein ruiniert werden!

Manfred Mertins (Dortmund)

Rollbraten gefüllt mit Brokkoli und Mozzarella

750 g Kartoffeln am Vortag waschen und kochen. Dann pellen und durch eine Presse geben. Bis zum nächsten Tag kalt stellen.

1 kg Schweinerücken unter kaltem Wasser abwaschen, abtupfen und danach der Länge nach schneiden (das macht aber auch gern der Metzger für Sie). Mit

Salz, Pfeffer, Paprika würzen, dann mit

2 EL Senf dünn bestreichen.

400 g Mozzarella zupfen und ebenfalls auf dem Fleisch verteilen. Anschließend

500 g frischen Brokkoli putzen, schneiden, die Strünke entfernen und die Röschen über den Mozzarella streuen. Jetzt wird das Ganze zu einer Rolle gedreht und mit kleinen Spießen festgesteckt. Sie können auch ein Netz benutzen, das Sie beim Metzger erhalten. Abschließend wird der Braten mit

2 EL Olivenöl bestrichen und noch einmal gewürzt. Die Bratzeit beträgt etwa 60 Minuten bei 180 °C – dann bei 150 °C in etwa 10–15 Minuten fertig garen.

500 g Kartoffeln schälen und in eine Schüssel reiben. In einem Tuch auspressen und zu den am Vortag gekochten Kartoffeln geben. Dann

1 Ei, 1 TL Salz, 2–3 EL Weizenmehl dazugeben und alles verkneten. Aus dem Teig Klöße formen und diese in kochendes Wasser geben. Etwa 25–30 Minuten gar ziehen lassen.

Für eine Kräutersauce

150 g frischen Blattsalat, Estragon

Kerbel, Petersilie, Schnittlauch in der Kräutermühle zermahlen und kurz in

1 Tasse Fleischbrühe aufkochen. Den Topf vom Feuer nehmen und

2 Eigelb und den

Saft einer Zitrone dazugeben. Mit

Salz und Pfeffer würzen und zum Schluss

1/4 l frische Sahne schlagen und unterziehen.

Als Beilage eignen sich gedünsteter Rosenkohl und Möhren, aber auch Blumenkohl oder ein frischer Salat.

Wenn einer unserer Ruhrpott-Köche das Revier wirklich von Grund auf kennt, dann ist das Manfred Mertins: Der Dortmunder Rentner war nämlich noch „unter Tage“. Als Bergmann hat er den Wandel im „Pott“ hautnah zu spüren bekommen: Machte mal wieder eine Grube dicht, dann wurden die älteren Bergleute in einen frühen Ruhestand geschickt. Die jüngeren Kumpel zogen weiter bis zur nächsten Zeche, dorthin, wo es für sie noch Arbeit gab.

Auch Manfred Mertins „pilgerte“ so quer durch das Revier, bis mit 50 Jahren – auch aus gesundheitlichen Gründen – endgültig Schluss war mit der Arbeit im Flöz. Es folgte sein zweites Leben – als Hobbykoch. Der junge Rentner wechselte vom Kohlenstaub in die bei ihm immer picobello aufgeräumte Küche. Kochen ist für ihn heute wahres Lebenselixier und vor allem sammelt und kocht er Rezepte für den kleinen Geldbeutel. Ein ganzer Ordner voll ist bereits zusammengekommen. Alle Gerichte hat er selbst ausprobiert, abgewandelt und von der Familie geschmacklich testen lassen. Bleibt für Manfred Mertins noch ein großer Traum: Er möchte unbedingt mal ein eigenes Kochbuch schreiben.

Manfred Mertins

Curry-Zwiebel-Suppe

2 große Gemüsezwiebeln	schälen und in kleine Stücke schneiden.
30 g Butter	in einem Topf erhitzen und die Zwiebeln darin anschmoren (nicht braun werden lassen!). Mit
3 TL Currypulver	und
2 EL Mehl	kurz anschwitzen und sofort mit
1/2 l Hühnerbrühe	
1/8 l Weißwein oder Apfelsaft	
1/4 l süßer Sahne	ablöschen. Alles zusammen 10 Minuten köcheln lassen.
1 Stück Lachs	in kleine Stückchen schneiden und vorsichtig in die Suppe geben. Geräucherter Lachs wird in feine Streifen geschnitten und in die Suppe gegeben. Noch einmal kurz ziehen lassen und mit
Dill	verfeinern.
	Zu der Suppe empfiehlt Gerlinde Mowwe etwas Käsegebäck oder ganz einfach Kartoffelchips.

TIPP

Statt frischem Lachs kann man auch Hähnchenfilet nehmen. Dieses muss allerdings zuvor angebraten werden.

Gerlinde Mowwe stammt aus einer bäuerlichen Familie und wollte noch nie in der Stadt wohnen. Selbst als Jugendliche fand sie das Landleben schön, auch wenn sie und ihre Geschwister auf dem elterlichen Hof mit anfassen mussten. Der Betrieb war damals noch ein „richtiger“ Bauernhof mit Schweinen, Kühen und Hühnern, Hund und Katze. Ein Hof, also, von dem heute niemand mehr existieren könnte.

Gerlinde Mowwe absolvierte nach der Schule eine Ausbildung zur staatlich geprüften Wirtschafterin und machte ihren Meister in der ländlichen Hauswirtschaft. Vor beinahe zwei Jahrzehnten heiratete sie konsequenterweise dann auch einen Bauern. Zusammen mit ihrem Mann Michael durchlebte sie den Wandel in der Landwirtschaft.

Über 300 Hektar Land bewirtschafteten die Mowwes noch in den 80er Jahren. Immer neue Industriegebiete rund um Dortmund „schluckten“ nach und nach den größten Teil davon. Heute bestellt Familie Mowwe nur noch eine Fläche von 40 Hektar.

Dafür ist Michael Mowwe im Lohnauftrag für andere Bauern unterwegs und seine Frau Gerlinde managt das zweite Standbein des Hofes: die Kindergeburtstage. Rund ums Jahr, von Anfang Januar bis Mitte Dezember,

Gerlinde Mowwe

wird etwa zehn Mal pro Woche bei den Mowwes gefeiert. Gerlinde backt Kuchen und Waffeln, ihr Mann fährt die jungen Gäste mit der Kutsche spazieren. Hauptattraktion bleiben aber natürlich die Tiere: Neben einigen Ponys gibt es einen richtigen Streichelzoo mit Ziegen, Hängebauchschweinen, Hasen und Meerschweinchen. Drei Stunden lang wird dem Geburtstagskind und seinen Gästen ein buntes Programm geboten. Der Tag wird mit einem zünftigen Grillen beendet und zurück bleiben in der Regel müde, aber glückliche Kinder.

PRODUKT*INFO* Curry

Das Wort „Curry“ ist eigentlich eine Erfindung der Briten. Den Kolonialherren waren die aufwändigen Mischungen in den unterschiedlichen Regionen Indiens einst zu kompliziert und so ließen sie sich eine Art „Gewürzmischung für alle Fälle“ herrichten. Aus der indischen Bezeichnung „Kari“ wurde „Curry“ und dieses gelbe Pulver ist heute aus der internationalen Küche nicht mehr wegzudenken.

In Indien versteht man unter diesem Begriff allerdings weitaus mehr: Als „Curry“ werden hier Schmorgerichte aus Geflügel, Fisch, Fleisch und Gemüse mit Sauce bezeichnet. Gewürzt wird je nach Region ganz unterschiedlich und viele Familien haben für ihr „Curry“ ein uraltes Familienrezept, das streng gehütet wird.

Auch wenn die Qualität eines gekauften Currypulvers noch so gut ist, probieren Sie doch einmal aus, verschiedene Gewürze selbst in einem Mörser zu zerstoßen. Duft und Aroma sind unvergleichlich und in vielen Asienläden können Sie die entsprechenden Zutaten bekommen.

Gerlinde Mowwe (Dortmund)

Steckrübeneintopf

1 große Steckrübe von ca. 1,5 kg	schälen, in Scheiben schneiden und stiften.
2 kg Kartoffeln	schälen und würfeln.
500 g Rinderhackfleisch	in der Pfanne anbraten. Kurz vor Ende der Bratzeit
2 Zwiebeln	dazugeben. Das gut durchgebratene Hack in einen großen Topf geben und mit
1/2 l Rinderkraftbrühe	ablöschen. Steckrübe und Kartoffeln hinzufügen. Am besten die Rübenstifte zuerst, denn sie haben die längere Garzeit. Mit
Majoran, Salz, Pfeffer, 1/2 EL Rübenkraut	würzen. Nach einer Garzeit von knapp 30 Minuten ist der Eintopf fertig.

Das Hackfleisch kann auch separat – als Bällchen – zum Eintopf gereicht werden. Auch zu Kurzgebratenem eignet sich das Gemüse als Beilage.

TIPP

Wenn Sie keine Steckrüben bekommen, können Sie – wie auf dem Foto zu sehen – für diesen Eintopf auch Möhren verwenden.

PRODUKTINFO Steckrübe

Wer „Steckrübe" hört, rümpft gern die Nase. Bei den Älteren ist sie als Kriegsessen verpönt, von den Jüngeren wird sie kaum beachtet. Zu Unrecht.

Zumindest ihre Namensvielfalt ist üppig: Dorsche, Dotsche, Wruke, Oldenburger Ananas, Unterkohlrabi, Schmalzrübe, Bodenrübe oder Kohlrübe lauten die Bezeichnungen der alten Kulturpflanze, deren genaue Herkunft ebenso unbekannt ist wie ihre Wildformen. Vermutet wird, dass sie vor einigen Jahrhunderten im westlichen Mittelmeergebiet aus Kohlrabi und Herbstrübe gezüchtet wurde.

Wahrscheinlich wurde sie schon von Galliern und Kelten angebaut, der erste Nachweis ihrer Kultivierung stammt aber aus Babylon. Neben wertvollen Mineralstoffen liefert die Steckrübe vor allem die Vitamine B1 und B2 sowie rund 33 mg Vitamin C pro 100 g. Stärke- und zuckerreich ist sie, dennoch ist sie durch ihren hohen Wasseranteil von 84 Prozent das kalorienärmste Wurzelgemüse (32 Kilokalorien pro 100 g). Ihr Geschmack ähnelt dem herbsüßer Möhren.

Geerntet wird sie überwiegend in den Monaten Oktober und November. Doch in der heimischen Gemüseproduktion ist der Steckrübenanbau zur Randerscheinung geworden. Wohl auch, weil die Steckrübe im Geschichtsrückblick ein Synonym für Hunger- und Notzeiten geworden ist. So wurden damals in den „Steckrübenwintern" des Ersten Weltkriegs große Teile der Bevölkerung mit der Rübe in den rund 1.500 Suppenküchen des Deutschen Reiches mehr schlecht als recht versorgt.

Auch in den folgenden Jahren blieb die Steckrübe Objekt der Kriegsplanung: So stellte die nationalsozialistische Kriegskonjunkturforschung fest, dass neben Brotgetreide und Kartoffeln auch das „kriegswichtige Gut Steckrübe" aus der Inlandsproduktion gedeckt werden konnte.

Der Steckrübeneintopf blieb ein Klassiker der Nachkriegskochbücher, auch wenn darauf verwiesen wurde, dass an Fett gespart werden müsse und die Kochzeiten genau einzuhalten seien, um Energie zu sparen. Kein Wunder, dass dieses Gemüse von der Fresswelle der 50er Jahre auf den Index gesetzt wurde.

Dagmar Reissig (Dortmund)

TIPP

Statt Steinbeißer können Sie auch Zanderfilets nehmen – Hauptsache, der Fisch zerfällt nicht.

Gemüse-Minestrone mit Steinbeißer und Gambas

1/2 Gemüsezwiebel	schälen und würfeln.
1 Stange Porree	putzen und in feine Scheiben schneiden.
3 Möhren, 20 g Petersilienwurzel	
20 g Knollensellerie	schälen und würfeln.
1 mittelgroße Zucchini und 1 rote Paprika	waschen, putzen und würfeln.
10 EL Olivenöl	erhitzen.
2 Knoblauchzehen	schälen, in feine Scheiben schneiden und darin andünsten. Zwiebeln, Porree, Sellerie, Möhren und Petersilienwurzel dazugeben und ca. 5 Minuten anbraten. Dann Paprika, Zucchini,
150 g Zuckerschoten und	
1 Dose Schältomaten (400 g)	dazugeben, mit
1/2 l Gemüsebrühe	auffüllen und ca. 15 Minuten garen. In der Zwischenzeit
500 g Steinbeißerfilet	in mundgerechte Stücke schneiden und jeweils mit
1 gehäuften TL Pesto	bestreichen. Dann
100 g Fadennüdelchen	unterrühren, den Fisch und
200 g Garnelen	
(ohne Schwanz und Schale)	in die Suppe geben und ca. 8 Minuten ohne Rühren garen lassen. Die Minestrone mit
Zucker, Salz, Cayennepfeffer	abschmecken, in tiefen Tellern anrichten, mit
etwas Parmesankäse	bestreuen und mit
Kresse, glatter Petersilie, Basilikum	dekorieren. Dazu passen Baguette und ein leichter trockener Weißwein.

Dagmar Reissig

Sie kocht zwar jeden Tag und das leidenschaftlich gern – der traditionelle Sonntagsbraten allerdings ist nicht ihre Sache. Dagmar Reissig kocht am liebsten mediterran, Salate und Pasta sind ihre Favoriten. Die Arbeit in der Küche ist für sie in erster Linie eine kreative Angelegenheit, ganz egal, ob sie ein schnelles Mittagessen für ihre Kinder zaubert oder ein edles Menü für den Abend.

Angestiftet wurde sie ursprünglich von ihrem Mann, der gern bei den Spitzenköchen der Region zu Gast ist. Dort lässt auch sie sich am liebsten inspirieren und fragt auch gern in der Küche nach. Raffinierte Kreationen gelingen Dagmar Reissig mittlerweile auch mühelos zu Hause. Besonders liebt sie das gesellige Kochen mit Freunden: Gemeinsam in der Küche stehen, ein Schlückchen Wein und sich gegenseitig die neuesten Rezepte verraten – das bringt sie auf die besten Ideen.

Jutta Rosin und Thomas Lamparski | Mensa der Gesamtschule (Dortmund-Brünninghausen)

Provençalischer Lamm-Gemüse-Topf

750 g Lammkeule	würfeln und kalt stellen.
500 g Kartoffeln	schälen, waschen und würfeln.
1 große Möhre	putzen und in Scheiben schneiden.
2 Paprikaschoten, 1 Aubergine, 1 Zucchini	putzen und würfeln.
2 Fleischtomaten	kurz überbrühen, häuten und zerkleinern.
2–3 Lauchzwiebeln	in Ringe schneiden.
1–2 Knoblauchzehen	schälen und fein hacken.
Olivenöl	im Gänsebräter erhitzen und das Lammfleisch ca. 5 Minuten anbraten. Dabei darf es noch nicht gewürzt werden, da es sonst zu viel Flüssigkeit verliert. Dann kommen je nach Garzeit die Gemüse dazu: Zunächst die Kartoffeln, dann die Möhre, Aubergine, Zucchini und Paprika hineingeben, mit
Salz und frischem schwarzem Pfeffer	würzen und alles mit geschlossenem Deckel 15 Minuten köcheln lassen. Zum Schluss die Lauchzwiebeln, den Knoblauch sowie
frisch gezupften Rosmarin und Oregano	hinzufügen. Weitere 5 Minuten ziehen lassen. Falls nötig, den Eintopf mit
etwas Gemüsebrühe	auffüllen. Den Lamm-Gemüse-Topf nach Belieben mit
etwas Crème fraîche	verfeinern und mit einem würzigen Rosé servieren.

TIPP

Die Lammkeule beim Metzger auslösen, von Sehnen und Fett befreien und als Portion zurechtschneiden lassen.

Jutta Rosin

Ihre Lehre hat Jutta Rosin vor 30 Jahren in der „Städtischen Bildungsanstalt für Frauenberufe" in Dortmund gemacht. Direkt danach kam der Härtetest: 1.000 Essen pro Tag – doch im Evangelischen Krankenhaus in Unna hat sie alles gelernt, was eine gestandene Wirtschafterin braucht. Speisepläne, Einkauf, Sauberkeitsrichtlinien oder die Arbeit am Herd: In der Mensa der Gesamtschule in Dortmund-Brünninghausen hat sie den Laden locker im Griff. Seit fünf Jahren kocht sie für „ihre" Kinder, und das mit großem Erfolg: Statt 70 werden mittlerweile bis zu 200 Essen täglich verkauft – mehr als in jeder anderen Dortmunder Schulmensa. Als sie anfing, kannten die meisten Schüler auch gängige Gemüsesorten nicht, frischer Salat war auf dem Speiseplan Mangelware – das hat Jutta Rosin bei ihren kleinen Gästen Schritt für Schritt geändert. Wie man Schülermägen erobert, weiß sie genau. Lecker muss alles aussehen und Lieblingsessen wie Pommes und Muffins dürfen nicht fehlen.

Nach so viel professionellem Bemuttern steht Jutta Rosin an ihrem eigenen Herd nur am Wochenende. Dann zaubert sie Spontanmenüs. Kochen für vier Personen ist eben keine echte Herausforderung ...

Jutta Rosin und Thomas Lamparski | Mensa der Gesamtschule (Dortmund-Brünninghausen)

Kaum etwas liebt Thomas Lamparski mehr als ein gemütliches Essen mit Freunden – klar, dass er sich dafür jederzeit gern an den Kochtopf stellt. Obwohl seine Frau vom Fach ist, denkt er sich die Menüs aus und tüftelt leidenschaftlich an neuen Kreationen. Das Motto seines französischen Vorbilds: „Wer nicht ein bisschen zaubern kann, sollte die Finger vom Kochen lassen." Auch seinen Ältesten hat er mit seinem Faible fürs Kulinarische angesteckt. Der aktuelle Favorit: ein Wok und damit alles, was die asiatische Küche hergibt.

Der Liebe zum Experimentellen kann der Physik- und Chemielehrer jeden Tag auch im Beruf frönen: Zwar ist nicht alles Hexenküche, was auf dem Lehrplan steht, doch dröge Stoffvermittlung ist seine Sache nicht.

Und deshalb war es auch keine Frage, dass er ganz spontan zustimmte, als Jutta Rosin einen Zweitkoch für unseren Dreh brauchte. Vom Chemiesaal in die Schulküche – für Thomas Lamparski ein willkommenes Experiment, das mit dem „Provençalischen Lammtopf" begann – und als kreative Kochfreundschaft weiterging.

Thomas Lamparski

PRODUKT*INFO* Austernpilze

Austernpilze haben es innerhalb weniger Jahre geschafft, in der Beliebtheitsskala unter den Pilzen auf Platz zwei aufzusteigen – direkt hinter den Champignons. Traditionell werden sie seit 30 Jahren in Ungarn gezüchtet. Ambitionierte Hobbygärtner können die aromatischen Pilze aber auch zu Hause ziehen.

Die großen muschelförmigen Hüte besitzen einen würzigen Geschmack, Bissfestigkeit und Aroma erinnern an Kalbfleisch. Austernpilze sind kalorienarm, enthalten einen hohen Eiweißanteil, wertvolle Mineralstoffe wie Kalium, Kalzium, Zink und Eisen sowie Vitamin D. Sie sind leicht verdaulich, senken den Cholesterinspiegel und stärken das Immunsystem. Ob roh oder gebraten – der wohlschmeckende Speisepilz liefert die Grundlage für eine Vielzahl vegetarischer Gerichte, passt aber auch ausgezeichnet zu Fleisch.

Austernpilze sollten Sie nicht waschen, dabei verlieren sie nur an Aroma. Da sie auf Stroh kultiviert werden, reicht es, die Hüte mit einem Lappen oder einer Pilzbürste zu säubern.

Übrigens: Austernpilze kann man auch einfrieren, sie halten sich so bis zu acht Monaten.

Salat mit Austernpilzen (Salade Kukuk)

80 g Feldsalat und 80 g Rucola	waschen und sorgfältig verlesen. Die Rucolablätter klein schneiden, grobe Stängel großzügig entfernen.
100 g durchwachsenen Speck	fein würfeln.
1–2 Zwiebeln	hacken.
250 g Austernpilze	halbieren und in schmale Streifen schneiden.
15 Cocktailtomaten	ebenfalls halbieren.
1/4 Tasse Olivenöl 2 gepresste Knoblauchzehen	in einer Pfanne erhitzen, die Speckstücke anbraten, Zwiebeln und hinzugeben und glasig dünsten. Die Austernpilze hinzufügen und etwa 10 Minuten mitschmoren. Dann die Cocktailtomaten in die Pfanne geben und alles weitere 5 Minuten dünsten. Die Pilzpfanne mit
1/4 Tasse Balsamicoessig	ablöschen und nach Belieben mit
Salz und Pfeffer	würzen.
	Den Salat in einer Schüssel anrichten und die Pilzpfanne darüber geben. Die Vorspeise sollte warm serviert werden. Dazu passt ein kräftiges Bauernbrot.

Rehmedaillons mit Pfifferlingen

1 kg Minikartoffeln	aufsetzen und ca. 20 Minuten kochen.
1 kg Rehrücken	
(vom Metzger auslösen lassen)	in ca. zwei Finger breite Streifen schneiden, mit
Pfeffer	würzen und die Streifen in
100 g geräucherten Schinken	
(extra dünn geschnitten)	wickeln.
600 g Pfifferlinge	gründlich säubern.
100 g durchwachsenen Schinkenspeck	fein würfeln.
1–2 Schalotten	schälen und würfeln.
Olivenöl	in einer großen Pfanne erhitzen und die umwickelten Medaillons ca. 3 Minuten auf jeder Seite anbraten (zwischendurch sollten Sie probieren, ob das Fleisch gar ist: Es darf nicht mehr blutig sein). Das Fleisch im Backofen warm stellen.
	Dann den Schinkenspeck anbraten,
Zwiebeln und etwas Knoblauch	dazugeben und andünsten, die Pfifferlinge hinzufügen und ein paar Minuten garen, alles mit
Salz und Pfeffer	abschmecken und mit
frisch gezupftem Thymian	würzen. Um etwas Sauce zu bekommen, das Ganze mit
etwas Crème double oder Crème fraîche	verfeinern.
	Parallel die gegarten Kartoffeln in
Olivenöl	mit
1 Knoblauchzehe	in ein paar Minuten knusprig braten.
	Die Rehmedaillons mit Kartoffeln und Pfifferlingen auf einem Teller anrichten. Dazu passt ein kräftiger Rotwein.

PRODUKT*INFO* Reh

Rehfleisch gibt es bereits ab Mitte Mai, dann ist die Jagdsaison eröffnet, aber die klassische Wildzeit ist der Herbst. Der Pro-Kopf-Verzehr liegt bislang mit 300 bis 400 g bei gerade einmal einem Prozent des Fleischkonsums, doch die Nachfrage steigt. Wild gilt aufgrund seiner natürlichen Lebensweise als unverfälschtes Lebensmittel, denn die Tiere können sich uneingeschränkt bewegen, werden nicht mit Arzneimitteln behandelt und müssen keine langwierigen Transporte über sich ergehen lassen.

Rehfleisch ist zart, wohlschmeckend, sehr fettarm und leicht verdaulich. Sein Eiweißgehalt liegt bei 33 Prozent, es enthält Kalium, Phosphor, Eisen, Kupfer, Zink und Vitamin B2. Das Fleisch unterliegt strengen Kontrollen: Jedes erlegte Tier wird vom Jäger begutachtet.

Die Verarbeitung von Wild gilt zwar als schwierig, doch da man die gewünschten Fleischstücke in der Regel küchenfertig kauft, ist die Zubereitung von Reh nicht komplizierter als die von Schweinefleisch. Es kommt nur auf die richtige Garzeit an. Wild sollte nie roh, sondern immer gut durchgebraten gegessen werden.

Reh kaufen Sie am besten im Spezialgeschäft. Oft kann man es aber auch beim Metzger bestellen. Wie jedes Wildbret eignet sich Reh gut zum Einfrieren. Es sollte vorher nicht gewaschen oder mariniert werden und die Lagerdauer sollte sechs Monate nicht überschreiten.

Bunte Nudelpfanne mit Hähnchenbrust

TIPP

Die Nudeln al dente vorkochen. Ihre endgültige Konsistenz erhalten sie beim Nachgaren in der Gemüsepfanne.

100 g Zwiebeln	schälen und fein hacken.
2 orangefarbene Paprika	putzen und in feine Streifen schneiden.
400 g Zucchini	in 5 Zentimeter breite Stücke schneiden, vierteln, das weiche Kerngehäuse entfernen und die Schiffchen zu feinen Stiften verarbeiten.
1 Knoblauchzehe	schälen, fein hacken, mit
Salz	würzen und mit einem Messerrücken zu einer Paste verreiben.
80 g Parmaschinken	oder anderen milden rohen Schinken
20 g getrocknete Tomaten	
6 Blätter frisches Basilikum	in Streifen schneiden.
400 g Hähnchenbrustfilet	längs halbieren und ebenfalls in Streifen schneiden. In der Zwischenzeit
400 g gedrehte Bandnudeln	aus Hartweizengrieß in sprudelndem Salzwasser al dente kochen.
Olivenöl	in die heiße Pfanne geben und das Fleisch mit
Salz und Pfeffer	würzen und kurz anbraten. Nach und nach Zwiebeln, Zucchini, Paprika, Schinken, Tomaten und Knoblauch dazugeben und unter Rühren andünsten. Mit
80 ml italienischem Weißwein	ablöschen, dann
250 ml Sahne und 250 ml Milch	hinzufügen. Ganz zum Schluss das Basilikum unterrühren, die Nudeln dazugeben und alles kurz nachgaren. Die Pasta in einem vorgewärmten tiefen Teller servieren. Dazu passt ein italienischer Weißwein

PRODUKT*INFO* Basilikum

Basilikum stammt aus Indien und ist dort schon seit mehreren tausend Jahren als Gewürz sehr beliebt. Doch auch in der mediterranen Küche spielt das üppig wachsende Kraut eine wichtige Rolle. Sommersalaten, Pastasaucen, aber auch Fleisch und Fisch verleiht Basilikum die charakteristische Würze. Grundsätzlich gilt: Je kleiner die Blätter, desto zarter der Geschmack. Das Gewürz wird meist frisch verwendet und sollte den Gerichten erst am Schluss beigefügt werden – dann entfaltet sich das Aroma der druckempfindlichen Blättchen am besten.

Die Pflanze ist einjährig und kann laufend geerntet werden. Ihr volles duftendes Aroma entwickelt sie nur an einem sonnigen Standort. Im Sommer bildet sie weiße oder rosafarbene Blüten, die auch eine beliebte Bienenweide sind. Bei kühler oder nasser Witterung gedeiht der Basilikum auch auf der Fensterbank. Die Blätter lassen sich trocknen oder einfrieren, geerntet wird dann vor der Blüte.

Basilikum bietet zahlreiche Duftnoten: Zitronen-, Zimt-, Anisbasilikum, die mexikanische oder Thai-Variante – auch bei uns sind mittlerweile alle Sorten zu haben.

Stundenlang essen und dabei richtig abschalten – das hat Elvira Sürig in Frankreich schon immer fasziniert. Eine Oase südländischer Esskultur hatte sie deshalb im Sinn, als sie mit ihrem Sohn Pascal „Sürigs Eßtheater“ in Schwerte eröffnete. Schon als junges Mädchen hat die gebürtige Wattenscheiderin sich für ungewöhnliche Kochexperimente begeistert und auch für Pascal ist Kochen in erster Linie ein sinnliches Vergnügen. Ganz bewusst ist er Mitglied der „Eurotoques“, einer Initiative, die sich der Bewahrung des kulinarischen Erbes verpflichtet fühlt. Beste Qualität der verwendeten Lebensmittel und Unterstützung regionaler Produzenten sind für ihn genauso selbstverständlich wie für seinen französischen Kollegen Paul Bocuse.

Ungewöhnliche kulturelle Events rund ums Essen – diesem Konzept ist Elvira Sürig auch bei ihrem neuen Projekt im Salzlager der Kokerei Zollverein treu geblieben. Dass dort Genuss und Kunst aufs Engste verzahnt sein werden, versteht sich in einer Stätte des Weltkulturerbes von selbst.

Elvira und Pascal Sürig

Pascal und Elvira Sürig | Sürigs Eßtheater (Schwerte)

Kürbis-Moussaka

600 g Kürbis (Blue Ballet) schälen, halbieren und die Kerne entfernen, eine Hälfte in dünne Scheiben schneiden, mit
Salz und Pfeffer würzen und in
etwas Olivenöl anbraten. Am Schluss
einige Rosmarinnadeln kurz mit anbraten (am besten als Zweig – der lässt sich am einfachsten herausnehmen). An die Seite stellen.
Die andere Kürbishälfte würfeln.
1 Zwiebel schälen und würfeln.
1 kleine Chilischote halbieren, putzen und fein hacken.
300 g Rindergehacktes (oder halb und halb) mit Kürbis, Zwiebel und Chili vermengen,
1 Ei sowie
Salz und Pfeffer dazugeben und alles gut durchmengen. Die Masse in einer Pfanne mit
mildem Olivenöl unter ständigem Rühren anbraten.
1 1/2 EL Tomatenmark hinzugeben, mit
1/2 TL Dijon-Senf würzen und weiter anbräunen. Mit
1/2 l Wasser ablöschen und weiter köcheln lassen, bis eine sämige Masse entstanden ist.
In der Zwischenzeit für die Bechamelsauce
2 EL Butter in einem Topf erhitzen und
50 g Mehl unter ständigem Rühren anschwitzen, bis es hellbraun geworden ist.
1/2 l kalte Milch portionsweise hinzugeben und kräftig rühren, damit keine Klumpen entstehen.
Nach Belieben mit
Muskat würzen. Die Sauce so lange köcheln, bis der Mehlgeschmack verschwunden ist, also ca. 7–8 Minuten. Die Kürbisscheiben und die Hackfleischmasse schichtweise in eine Auflaufform geben, mit der Bechamelsauce übergießen und mit
200 g geriebenen Käse (nach Geschmack) bestreuen. Auf der mittleren Schiene ca. 20–30 Minuten im Backofen garen lassen. Wenn der Auflauf eine goldbraune knusprige Schicht bekommen hat, das Moussaka portionsweise auf einem Teller anrichten, nach Belieben etwas Salat beilegen und mit geschroteten Kürbiskernen dekorieren.

TIPP

Wenn Sie nur die rote Farbe des Tomatenmarks, nicht aber den Geschmack haben wollen, müssen Sie die Hackfleischsauce so lange köcheln lassen, bis der Geruch verflogen ist.

TIPP

Pascal Sürig hat zum Überbacken Edamer genommen – in jedem Fall sollte es ein würziger Käse sein.

Marlies und Dorothee Tubes (Bottrop-Kirchhellen)

Kohlrabisuppe

4 dicke Kohlrabi (etwa 1500 g)	schälen und eine Knolle beiseite legen. Die übrigen Knollen würfeln.
3/4 l kräftige Hühnerbrühe	zum Kochen bringen und die Kohlrabiwürfel darin etwa 20 Minuten garen. Dann die weichen Kohlrabiwürfel mit einem Pürierstab pürieren.
1/4 l Sahne	unterrühren und mit etwas
Zitronensaft und Pfeffer	abschmecken.
100 g Putenbrustaufschnitt	in schmale Streifen schneiden. Die übrig gebliebene Kohlrabi raspeln. Die Suppe in vorgewärmte Teller oder Suppentassen füllen, mit der geraspelten Kohlrabi, dem Aufschnitt und insgesamt
1/8 l geschlagene Sahne,	
1 TL roter Pfefferkörner	
1 Päckchen Kresse	garnieren.

PRODUKT*INFO* Kohlrabi

Kohlrabi ist der Kleingarten-Favorit schlechthin. Wahrscheinlich, weil das Gemüse keine besonderen Ansprüche an Klima oder Boden stellt und meist ohne besondere Extras wächst und gedeiht. In vielen Schrebergärten im Ruhrgebiet wetteifern die Kleingärtner alljährlich um die dickste Knolle im Beet.

Im Frühjahr gehört Kohlrabi zu den ersten erntereifen Gemüsearten. Vor allem im Mai ist die Nachfrage nach frischem Kohlrabi groß, später im Sommer geht sie dann spürbar zurück. In den meisten Gegenden Deutschlands wird nur die Knolle zu schmackhaften Gerichten verarbeitet und verzehrt, eher selten werden auch die sehr vitaminreichen Blätter gegessen.

Kohlrabi ist nicht nur lecker, sondern auch ausgesprochen gesund. Darin enthalten sind neben Vitamin C und Karotin auch Magnesium, Kalzium, Eiweiß, Ballaststoffe und Senföle. Kohlrabi wird zwar hauptsächlich in deutschsprachigen Ländern aufgetischt, aber: Auch im Ausland kennt man das Gemüse und zwar nur unter einem Namen – Kohlrabi.

Marlies Tubes

„Du heiratest bestimmt mal einen Förster", frotzelten Schulkameradinnen, als sich die junge Marlies Tubes beharrlich weigerte, für einen Stadtbummel heimlich – hinter einem alten Bauwagen – Lippenstift und Lidschatten aufzutragen. Damit lagen sie zwar daneben, aber doch gar nicht einmal so weit: Marlies Tubes ehelichte einen Tierarzt und blieb sich selbst und ihrer natürlichen Ausstrahlung immer treu. Etwas dezenter Lippenstift wird höchstens dann aufgelegt, wenn das Fernsehteam der Dortmunder Lokalzeit anrückt.

Marlies Tubes hat das Kochen von ihrer Mutter, einer Bäuerin, in den 50er Jahren gelernt. Trotzdem kocht sie heute alles andere als „westfälisch deftig". Für die Landfrau aus dem Kreis Recklinghausen ist die Zubereitung leckerer und unbedingt immer frischer Speisen ein Stück Kreativität.

Gern experimentiert Marlies Tubes in ihrer winzigen, gemütlichen Küche mit Zutaten, probiert neue Gewürze, verfeinert und veredelt. Zusammen mit Schwiegertochter Dorothee, die ganz besonders für das Thema Backen zuständig ist, setzt sie aber auch schon mal feine Obstliköre für das Bauernlädchen ihres Sohnes an. Hier gibt es Produkte aus der Region zu kaufen: Eier, Kartoffeln und Obst, selbst gemachte Marmelade, leckere Kuchen und feine Likörchen. Vor allem für den Holunderblütenlikör von Marlies Tubes nehmen Stammkunden auch gern einmal weitere Wege in Kauf.

Marlies und Dorothee Tubes (Bottrop-Kirchhellen)

Irische Kartoffelsuppe mit Äpfeln

750 g mehlig kochende Kartoffeln	schälen und in Würfel schneiden; in
1/2 l kräftige Gemüsebrühe	15–20 Minuten garen.
250 g Zwiebeln	schälen und ebenfalls würfeln.
250 g geräucherten durchwachsenen Speck	in gleichmäßige Würfel schneiden.
3 EL Öl	erhitzen, Speck und Zwiebeln kürz dünsten.
3/8 l Weißwein oder Apfelsaft	dazugießen.
10 Pimentkörner, 1/2 TL Pfefferkörner	
1/2 TL schwarzer, geschroteter Pfeffer	
1/2 TL Salz	zufügen und das Ganze ca. 20 Minuten köcheln lassen. Die gegarten Kartoffeln in der Brühe pürieren, mit
250 ml Sahne	aufschlagen und in die Speck-Zwiebel-Mischung geben.
3 Äpfel	vierteln und in Spalten schneiden, in einen Topf geben und
mit einem Schuss Weißwein oder Apfelsaft	zum Kochen bringen und bissfest garen. Die Apfelspalten kurz vor dem Servieren in der Suppe erhitzen, in tiefe Teller füllen, jeweils mit
einem Klecks geschlagener Sahne	
einigen roten Pfefferkörnern	und
Majoranblättchen oder Kresse	garnieren.

Eine Mauer aus tönernen Rohren ganz ohne Mörtel. Rote Dachziegel, auf denen in weißer Schreibschrift Rezepte zu lesen sind. Ein Sessel aus Stein, mit Efeu berankt und von kleinen Bäumchen umrahmt: Das alles und viele wunderschöne Blickfänge mehr finden sich im Garten von Marlies Tubes. So gern nämlich die Landfrau kocht und Gäste bewirtet, ihre wirkliche Leidenschaft gehört wohl doch dem eigenen Stück Land rund ums Haus. Mitten in der kleinen Vorortsiedlung mit akkurat gepflanzten Hecken und vorbildlich gemähten Rasenflächen wirkt das, was Marlies Tubes in und mit ihrem Garten geschaffen hat, geradezu exotisch. So wirft sie alte, zerbrochene Tontöpfe zum Beispiel nicht einfach weg: Aufgetürmt zu einer Pyramide und gestützt durch ein Gestell aus Metall, werden die Tonscherben bei Marlies Tubes zu einem echten Kunstwerk.

Lohn für all die vielen Stunden Arbeit auf ihrem besonderen Stückchen Erde: Das grüne Paradies von Marlies Tubes wurde mehrfach fotografiert und gefilmt und ist mittlerweile in einem englischen Gartenbuch zu bewundern. Zu Recht ist Marlies Tubes stolz darauf: Denn wer versteht sich schließlich besser auf die Gestaltung schöner Gartenanlagen als die Menschen in Großbritannien?

Schweinefilet-Apfel-Auflauf

500 g Schweinefilet	in Scheiben schneiden und in
Butterschmalz	kurz anbraten. Von beiden Seiten mit
Salz und Pfeffer	würzen.
1/2 l Sahne, 10 g Mondamin, 6 EL Ketchup, 3 TL Curry etwas Salz	verrühren.
4 große Äpfel	schälen, vom Kerngehäuse befreien und in Spalten schneiden. Die Filetscheiben in eine feuerfeste Form geben, die Apfelspalten auflegen, mit der Soße übergießen und mit
200 g geraspeltem Käse	bestreuen. Die Form auf die unterste Schiene in einen auf 200 °C vorgeheizten Backofen geben. Etwa 25–30 Minuten mit Alufolie bedecken, dann weitere 15–20 Minuten garen.

TIPP

Zu diesem Gericht passen am besten Kartoffelpüree oder Wildreis.

PRODUKT*INFO* *Apfel*

Wenn es einen König unter den Früchten gibt, dann ist dies ganz sicherlich der Apfel. Ob in Religionen, Zauberritualen, in der Kunst oder in der Medizin – überall ist er anzutreffen. Schneewittchen blieb ein vergiftetes Stückchen dieser Frucht im Halse stecken und auch Adam und Eva wurde er zum Verhängnis, als sie vom Baum der Erkenntnis aßen. Dem Apfel werden aber auch magische Kräfte zugeschrieben, besonders, wenn es um die Liebe geht. In manchen Gegenden Englands gilt er als Fruchtbarkeitssymbol und die Menschen huldigen ihm noch heute mit uralten Bräuchen.

Als reines Nahrungsmittel, ganz ohne Zauberkraft, ist er seit vielen Jahren eindeutig des Deutschen liebstes Obst. 40 Kilogramm Äpfel pro Person und Jahr werden hierzulande verputzt – vor allem als kleine, leckere Mahlzeit zwischendurch. Mit seinem hohen Fruchtzuckeranteil kurbelt er die Leistungsfähigkeit an, gleichzeitig enthält er aber auch viele Ballast- und Mineralstoffe, darunter Kalzium, Eisen und Phosphor.

Wer den Apfel nicht nur wegen seines Geschmacks isst, sondern auch wegen des hohen Vitamingehalts, der sollte unbedingt auf die Sorte achten: So findet man in einem Granny Smith zum Beispiel nur 5 mg Vitamin C pro 100 g, im Boskop sind es dagegen bis zu 30 mg.

Niemand weiß übrigens, wie viele Apfelsorten es in der Welt gibt. Es könnten durchaus mehrere tausend sein. Apfelsorten mit viel Fruchtsäure wie Boskop, Cox Orange oder der Glockenapfel eignen sich ausgezeichnet für die Zubereitung von Kompott, Apfelmus, Gelee und Gebäck. Soll der Apfel wie im Rezept von Marlies Tubes gebraten werden, sollten Sie eine mürbe Sorte wie Jonagold oder Elstar wählen.

Marlies und Dorothee Tubes (Bottrop-Kirchhellen)

Weihnachtliches Apfelbrot

750 g Äpfel (ca. sechs Stück)	schälen, entkernen und grob raspeln.
80 g Zucker, 50 g Honig	darüber geben, gut mischen und einige Stunden ziehen lassen.
250 g Rosinen, 150 g ganze Mandeln	
500 g Mehl, 125 g grob gemahlene Nüsse	
1 EL Kakao, 1 TL Zimt,	
1 Päckchen Lebkuchengewürz	
2 EL Rum, 1 1/2 Päckchen Backpulver	in eine Küchenmaschine geben und zu einem lockeren Teig verarbeiten. Das Apfelgemisch dazugeben. Falls der Teig zu fest wird, kann evtl. etwas
Apfelsaft	hinzugefügt werden.
	Den Teig in zwei längliche Kuchenformen füllen, glatt streichen und im Backofen bei 180–200 °C eine Stunde backen.

TIPP

Das Apfelbrot schmeckt am besten warm mit etwas Butter. In Alu- oder Frischhaltefolie verpackt, ist es gut eine Woche haltbar.

PRODUKT*INFO* Nüsse

Apfel, Nuss und Mandelkern – das darf in keinem Weihnachtsgebäck fehlen. Auch im Apfelbrot von Dorothee Tubes sorgen sie für den ganz besonderen weihnachtlichen Geschmack und Duft. Dabei sind Nüsse das ganze Jahr über ein wertvolles Nahrungsmittel – allerdings nicht, wenn sie wie Erdnüsse in Fett geröstet und anschließend gesalzen werden!

Hasel-, Wal- und Paranüsse werden bereits seit Jahrtausenden gegessen. Sie dienten Jägern und Sammlern als Grundnahrungsmittel und besaßen darüber hinaus auch Symbolcharakter, zum Beispiel für Fruchtbarkeit und reichen Kindersegen. Nüsse sind die größten Energielieferanten der Früchtewelt und enthalten neben hochwertigen Ölen viel Eiweiß, Vitamine, Mineral- und Ballaststoffe. Da Nüsse vor dem Verzehr nicht verarbeitet werden müssen, sind sie für unsere Ernährung heute besonders wichtig.

Mandeln hingegen galten bereits im Altertum als Schönheitsmittel und noch heute werden Mandelmilch als Heilnahrung für Kinder und Mandelöl in der Kosmetik verwendet.

Die Mandel selbst ist die Nuss, die in der Küche am meisten verwendet wird: in Süßspeisen und Kuchen sowie natürlich bei der Herstellung von Marzipan. Mandeln enthalten Vitamin B2, E, Niacin, Kupfer, Magnesium, Kalium und Kalzium. Durch den hohen Fettanteil sind sie – wie alle anderen Nusssorten – allerdings auch kalorienreich. 100 g Mandeln enthalten 569 Kilokalorien.

Vorsicht ist bei bitteren Mandeln geboten, sie werden zur Herstellung von Aromastoffen verwendet. Auf keinen Fall dürfen sie roh verzehrt werden! Fünf bis sechs bittere Mandeln können für ein Kind bereits tödlich sein.

Tipps & Tricks

Fisch

Fisch kann sehr unterschiedlich und abwechslungsreich zubereitet werden. Grundsätzlich gibt es folgende Regeln:

- Fisch wird zunächst unter fließendem Wasser gesäubert und falls erforderlich gegen den Strich geschuppt
- eventuell den gesäuberten Fisch mit Zitronensaft säuern, um den Geruch zu binden und das Fischfleisch zu festigen
- erst unmittelbar vor der Zubereitung (leicht) würzen
- der feine Fischgeschmack bleibt am besten erhalten, wenn er möglichst naturbelassen gebraten wird
- falls der Fisch nach dem Braten gratiniert (überbacken) werden soll, kann er vorher etwas in Mehl gewälzt werden
- eine Knoblauchzehe oder ein Kräuterzweig in der Pfanne geben zusätzlich Geschmack

Natürlich schmeckt Fisch ganz frisch am allerbesten. Da aber nur die wenigsten von uns in Küstennähe wohnen, stellt sich die Frage: Woher bekomme ich den besten Fisch. Inzwischen gibt es eine Reihe von Delikatessgeschäften und einige gute Supermärkte, die von Dienstag bis Freitag frische Meeresfrüchte und Fische anbieten. Diese sind in der Regel aber auch nicht gerade preiswert.

Eine Alternative ist deshalb tiefgekühlter Fisch. Hier wird der Fang häufig direkt auf dem Schiff eingefroren und verpackt. Zartes Fischfleisch, z.B. von Süßwasser- und Mittelmeerfischen sowie von Meeresfrüchten, wird allerdings durch das Tiefkühlen trocken und verliert an Aroma. Kräftige Nordseefische wie Kabeljau, Rotbarsch und andere ertragen diese Konservierungsart besser. Auch Tintenfische und Scampi können gut tiefgefroren werden. Tiefgekühlte Fische sollten nie lange aufbewahrt werden und vor der Zubereitung im Kühlschrank ganz auftauen.

Fisch spielt in unserer Ernährung eine wichtige Rolle. Das Fleisch ist reich an essenziellen Fettsäuren und Eiweiß. Außerdem enthält es wertvolle Vitamine und Mineralstoffe. 100 g Dorschfilet decken zum Beispiel den täglichen Bedarf an Jod. Fisch ist außerdem leicht und schnell verdaulich. Wenn er fettarm zubereitet wird, ist er deshalb – zusammen mit Salat – der ideale „Schlankmacher“.

Fleisch

Fleisch lässt sich vielfältig zubereiten, es eignet sich für verschiedene Gartechniken wie Kochen, Braten, Schmoren und Grillen.

Bei der Zubereitung sollten folgende Punkte beachtet werden:

- große Fleischstücke vor dem Garen kurz abwaschen und trocknen
- kleine Fleischstücke nur abtupfen
- beim Filetieren vom Metzger helfen lassen
- Fettränder einkerben oder entfernen
- sehr trockene Fleischstücke mit Speckstreifen umwickeln
- ein Bratenstück vor dem Anschneiden kurz stehen lassen, damit sich der Saft sammeln kann
- das Fleisch stets quer zur Faser aufschneiden
- Wild evtl. einige Tage oder Stunden in eine Rotwein- oder Buttermilchbeize legen, um den strengen Geschmack zu mildern

Anders als in vielen Ländern führt Lamm bei uns in Deutschland noch ein Schattendasein. 62 kg Fleisch essen die Bundesbürger pro Kopf und Jahr – nur ein knappes Kilo stammt vom Lamm. Schuld daran ist vermutlich die Verwechselung mit dem alten, zähen Hammelfleisch, das früher in Eintöpfen verwendet wurde.

Dabei stammt Lammfleisch von Tieren, die höchstens ein Jahr alt sind. Die meisten Lämmer werden im Alter von drei bis vier Monaten geschlachtet. Im Gegensatz zu Rindern und Schweinen verbringen die Schafe ihre Jungtierzeit auf der Weide. Der zarte, mildwürzige Geschmack variiert deshalb nach Herkunftsregion. Lammfleisch ist reich an Eiweiß und enthält wertvolle Vitamine und Mineralstoffe. Es muss etwa eine Woche abhängen, dann schmeckt es am besten. Wenn Sie es tiefgefroren kaufen, sollten Sie es langsam im Kühlschrank auftauen lassen. Es harmoniert mit den unterschiedlichsten Gewürzen: ob mediterran mit Thymian, Salbei und Oregano, Majoran und Rosmarin oder exotisch mit Curry und Minze. Nur eines darf nie fehlen: Knoblauch.

Gemüse

Frisches Gemüse kann zu Rohkostgerichten, Beilagen oder Säften verarbeitet werden. Als Garverfahren eignen sich Kochen, Dämpfen, Dünsten, Schmoren, Frittieren und Grillen.

Vor der Zubereitung muss das Gemüse geputzt, gewaschen und geschält werden. Waschen sollte man es unzerkleinert in stehendem Wasser und schnell. Dem Wasser kann dabei Kochsalz zugesetzt werden, um ein starkes Auslaugen des Gemüses zu verhindern. Nach dem Waschen wird das Gemüse mit einem Messer oder der Küchenmaschine nach Bedarf zerkleinert.

Gemüsewasser sollte, wenn möglich, mit verarbeitet werden, da beim Garprozess wichtige Nähr- und Mineralstoffe ins Kochwasser gelangen. Kurze Garzeiten erhalten ebenfalls mehr Vitamine. Als Beilage werden bei Gemüse etwa 250 g pro Person gerechnet.

Gemüse ist gesund und sollte mehrmals wöchentlich, am besten täglich, auf dem Speiseplan stehen. So gilt zum Beispiel der Wirsing als bester Magnesiumspender in der kalten Jahreszeit. Er enthält außerdem viel Eisen, Kalzium und Kalium und ist sehr vitaminreich: Schon 100 g Wirsing decken den Tagesbedarf an Vitamin C. Das Gemüse wirkt außerdem entschlackend, stärkt das Immunsystem und schützt vor Arteriosklerose. Die Volksmedizin empfiehlt warme Wirsingwickel, um giftige Substanzen aus dem Körper zu ziehen.

Auch die aus Indien stammende Endivie, die dort immer noch wild wächst, hat viele gesundheitsförderliche Seiten. Sie fördert zum Beispiel die Verdauung und ist harntreibend. Die Endivie ist mit dem Chirorée und dem Löwenzahn verwandt und besitzt den gleichen herzhaften, leicht bitteren Geschmack. Da die meisten Bitterstoffe in den äußeren kräftig-grünen Blättern sitzen, sollten diese vor der Zubereitung entfernt werden.

Genau wie die Endivie enthält auch die bei uns immer beliebter werdende Aubergine viel Provitamin A. Bereits vor 6.000 Jahren wurde dieses Gemüse in alten Schriften erwähnt. Die Aubergine soll, so die Volksmedizin, eine heilende Wirkung bei Rheuma-, Stoffwechsel- und Nierenleiden besitzen.

Salat

Salate werden aus rohen oder gegarten Lebensmitteln zubereitet und mit einem Dressing angerichtet.

Das Gemüse für Rohkostsalate muss immer sorgfältig gewaschen und anschließend klein geschnitten werden. Bei Rohkostsalaten kann das Dressing sofort dazugegeben werde. Dann bleiben die Vitamine besser erhalten und der Geschmack wird intensiviert.

Auch Blattsalate sollten gründlich – am besten in stehendem Wasser – gewaschen werden. Oft befinden sich Rückstände von Sand oder Erde daran. Waschen Sie aber bitte nicht zu lange, denn dann gehen wertvolle Vitamine verloren. Gut abtropfen lassen und vorsichtig in einem Tuch oder am besten in einer Salatschleuder trocknen. Die Blätter werden anschließend klein gerupft oder geschnitten. Zu große Blätter können beim Essen zu einem echten Ärgernis werden. Sie sollten deshalb immer „mundgerecht" sein. Zitronensaft und Essig wirken dem schnellen Verderb und Vitaminverlust entgegen. Zitronensaft liefert außerdem zusätzlich Vitamin C.

Salate sollten nicht direkt neben Obst gelagert werden. Das in den Früchten enthaltene Äthylen verursacht braunrote Flecken auf den Blattrippen und verkürzt die Lagerfähigkeit. Dies gilt sowohl für grün- als auch für rotblättrige Sorten. Das Dressing bitte immer erst kurz vor dem Servieren über den Salat geben – die Blätter werden sonst unansehnlich und „labberig". Hochwertige Pflanzenöle, wie Sonnenblumenöl, Maiskeimöl, Sojaöl oder Olivenöl, bereichern Salate mit lebenswichtigen Fettsäuren.

Inbegriff des Blattsalats ist immer noch der Kopfsalat – allerdings sind in den vergangenen Jahre viele weitere Sorten auf den Markt gekommen. So erfreuen sich Rucola und Radicchio immer größerer Beliebtheit. Allen gemeinsam ist der hohe Anteil an Vitaminen, Mineral- und Ballaststoffen und die verschwindend geringe Menge an Kalorien. So sind Salate (mit wenig Dressing) immer noch der Schlankmacher Nummer eins.

Salate aus gegarten Lebensmitteln wie Nudeln, Kartoffeln, Rindfleisch oder Geflügel werden „klassisch" mit Mayonnaise zubereitet. Inzwischen gibt es aber auch leichtere Dressingvariationen aus Crème fraîche oder Joghurt. Diese Salate dürfen bereits vorher angerichtet werden und gut durchziehen.

Traditionell werden viele Kartoffel- und Nudelsalate mit etwas Fleisch (gebraten oder roh) hergestellt. Vor allem gebratene Fleischstückchen und etwas Bratensaft verbessern den Geschmack. Vegetarier sollten stattdessen in die Kräuterkiste greifen: Frische Petersilie, Thymian, Dill und Schnittlauch geben Reis-, Nudel- und Kartoffelsalaten mehr Würze.

Kräuter

Kräuter schmecken am besten, wenn sie ganz frisch sind. Dann regen die Aromastoffe unsere Lebensgeister an und steigern den Appetit.

Damit Sie immer gut mit frischem Grün versorgt sind, brauchen Sie keinen großen Garten. Einige Töpfe auf der Terrasse oder dem Balkon, ein Kräuterturm aus Terrakotta oder eine Kräuterampel zum Aufhängen reichen meist schon aus.

Besonders gut geeignet für ein duftendes und würziges Miniatur-Kräuterparadies sind Balkonkästen. In Gärtnereien können Sie vorgezogene Pflanzen kaufen, zum Beispiel Petersilie, Zitronenmelisse oder Schnittlauch. Haben Sie Spaß an der Aufzucht, können Sie natürlich auch selber säen. Saatbänder sind dann ideal. Sie werden in den mit Blumenerde gefüllten Balkonkasten gelegt, etwa einen Zentimeter hoch mit Erde bedeckt und angegossen. Es gibt die Bänder (oder Scheiben für Töpfe) in verschiedenen Kräutermischungen.

Favorit für alle Balkonkästen ist übrigens für viele Hobbygärtner die Salatrauke oder der Senfkohl, besser bekannt als Rucola. Aufgang und Wachstum vollziehen sich hier unglaublich schnell und schon nach kurzer Zeit kann geerntet werden. Wenn der Haupttrieb verschont bleibt, hört die Pflanze mit dem Nachwachsen eigentlich gar nicht mehr auf.

Rucola hat sich wegen seines kräftigen und leicht scharfen Geschmacks zu einer sehr beliebten Salatbeilage entwickelt – obwohl es sich im eigentlich Sinne nicht um eine Salatpflanze handelt. Bereits die Römer mochten das würzige Aroma der Blätter und sprachen dem braunen, glatten Samen Heilkräfte zu. Und wirklich: Der hohe Anteil an Senfölen und aromatischen Bitterstoffen tötet Bakterien und stärkt die Abwehrkräfte. Rucola enthält viel Vitamin C und schmeckt am besten, wenn die Blätter etwa 10 bis 15 Zentimeter lang sind. Und weil die Salatrauke Wärme und Frost gleichermaßen verträgt, steht der grünen Frischezufuhr rund ums Jahr eigentlich nichts mehr im Wege.

Kleines Küchenlexikon

Ausbeinen: Herauslösen von Knochen aus rohem Fleisch, Wild oder Geflügel

Blanchieren: Kurze Hitzebehandlung roher Lebensmittel in kochendem Wasser

Emulgieren: Feinste Verteilung von zwei nicht mischbaren Lebensmitteln ineinander mit Hilfe eines Schlaggerätes oder Mixers

Entschoten: Entfernen der Schale (Schote) bei Erbsen und Bohnen

Faschieren: Zerkleinern von Nahrungsmitteln im Mixer

Filetieren: Zerlegen von Tieren in bestimmte Stücke bzw. Auslösen der Knochen und Gräten

Klopfen: Lockern des Fleischgefüges mit Hilfe eines Holzklopfers

Panieren: Wenden von Lebensmitteln in Mehl, Ei oder Paniermehl, es können auch geriebene Nüsse oder Kokosflocken verwendet werden

Parieren: Entfernen wertloser Bestandteile bei Fleisch, Wild, Geflügel oder Fisch

Raspeln: Zerkleinern pflanzlicher Lebensmittel in grobe Streifen

Reiben: Zerkleinern pflanzlicher Lebensmittel in feine Teilchen

Tranchieren: Schneiden von rohen oder gegarten Nahrungsmitteln in gleichmäßige Teile

Zerlegen: Zerschneiden oder Zersägen größerer Fleischteile in für die Weiterverarbeitung entsprechende Teile

Adressen

Gottfried Becker
Rohrmeisterei Schwerte . . S. 8
Ruhrstr. 20
58239 Schwerte
Tel. 0 23 04/2 01 30 01
(Gastronomie) oder
25 79 68 (Verwaltung)
www.rohrmeisterei-schwerte.de

Detlef Bieder
ManuFactum . . . . S. 14
Hiberniastr. 5
45731 Waltrop
Tel. 0 23 09/60 88 84
www.manufactum.de
Restaurant geöffnet:
Di–Fr 11–20 Uhr, Sa 11–17 Uhr

Ludger Busch
Palmgarden
Spielcasino Hohensyburg S. 22
Hohensyburgstr. 200
44265 Dortmund
Tel. 02 31/7 74 00
www.spielcasino-hohensyburg.de

Ulla Delsing, Ingrid Pieper
und René Weigt
quartier d . . . . S. 24
Wenger Höfe 22
46284 Dorsten
Tel. 0 23 62/7 23 65 oder 95 06 46
www.delsing.de
geöffnet: Do ab 18 Uhr, So ab 11 Uhr
und nach Absprache

Rudolf und Doris Einhaus
Jägerhof Einhaus . . . . . . S. 30
Dorfstr. 3
46284 Dorsten-Hervest
Tel. 0 23 62/7 10 89
Fax 0 23 62/77 22 26
www.jaegerhof-einhaus.de

Wolfgang Frenser
Kultur- und Kommunikations-
zentrum Lindenbrauerei e.V.
Schalander . . . . S. 38
Massener Str. 33–35
59423 Unna
Tel. 0 23 03/25 11 20
www.lindenbrauerei.de

Susanne Genselowski-Lülf
Westfalenpark . . . . S. 46
An der Buschmühle 3
44139 Dortmund
Tel. 02 31/5 02 61 00
www.westfalenpark.de

Joachim Grum
Landhaus Grum . . . . S. 50
Ruhrdeich 6–8
45525 Hattingen
Tel. 0 23 24/2 18 08
www.landhaus-grum.de

Thomas Güthoff
Treffpunkt. . . . . S. 52
Mergelteichstr. 47
44225 Dortmund
Tel. 02 31/710 73 86
www.treffpunkt-dortmund.de

Mario Kalweit
La cuisine d'art manger . S. 56
Lübkestr. 2
44141 Dortmund
Tel. 02 31/5 31 61 98
www.artmanger.com

Horst Koch
Campus-Treff . . . . S. 60
Vogelpothsweg 120
44227 Dortmund
Tel. 02 31/7 55 56 93
www.stwdo.de

Oliver Koch
Landcafé. . . . . S. 64
Stockumer Str. 109
44225 Dortmund
Tel. 02 31/7 92 20 10
www.awo.org.de

Michael Kruszinski
Hausbrauerei Boente . . . S. 66
Augustinessenstr. 4
45657 Recklinghausen
Tel. 0 23 61/1 76 09
Fax 0 23 61/18 43 24
www.boente-re.de

Franz L. Lauter
Schloss Schwansbell . . . . **S. 70**
Schwansbeller Weg 32
44532 Lünen
Tel. 0 23 06/20 68 10
www.schwansbell.de

Museum der Stadt Lünen
Tel. 0 23 06/1 04 16 49
Eintritt: 1 Euro, bis 15 Jahre frei
www.luenen.de

Jan Möllmann
Siedlerklause . . . . **S. 74**
Maienweg 20
44339 Dortmund-Brechten
Tel. 01 72/6 81 69 24
Essen nur nach telefonischer Absprache

Gerlinde Mowwe
Bauernhof Gerlinde Mowwe
. . . . **S. 78**
Ellinghauserstr. 309
44359 Dortmund
Tel. 02 31/35 13 31
Anmeldung für die Kindergeburtstage

Pascal und Elvira Sürig
Kokerei Zollverein, Essen **S. 90**
www.zollverein.de
www.the-palace-of-projects.net

Marlies und Dorothee Tubes
Bauernlädchen Dorothee Tubes
. . . . **S. 94**
Zum Kletterpoth 43
46244 Bottrop
geöffnet:
Di–Fr 9–12 Uhr und 15–18 Uhr
(außer Mittwochnachmittag),
Sa 8–12 Uhr

Alphabetisches Register

O P

Q

R

S

T

V

W

X Y Z

Sachregister

Suppen

Fisch / Meeresfrüchte

Fleisch

Geflügel

Wild und Lamm

Gemüse der Saison

Westfälisch-Deftiges

Impressum

Gestaltung: high standArt, Münster
Fotos: Detlef Güthenke, Gütersloh
Lektorat: Dorothea Raspe, Münster

Gedruckt auf chlorfrei gebleichtem Papier
Printed in Germany
ISBN 3-7843-3301-X